U0078798

蔣九愚 注譯

新譯

永嘉大師證道歌

三民書局

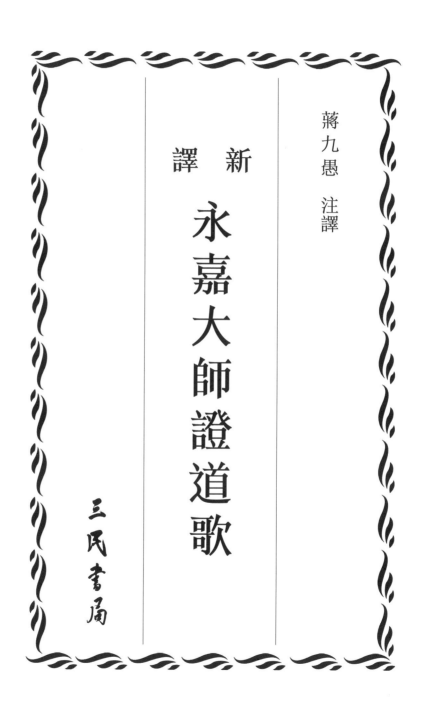

刊印古籍今注新譯叢書緣起

劉振強

人類歷史發展，每至偏執一端，往而不返的關頭，總有一股新興的反本運動繼起，要求回顧過往的源頭，從中汲取新生的創造力量。孔子所謂的述而不作，溫故知新，以及西方文藝復興所強調的再生精神，都體現了創造源頭這股日新不竭的力量。古典之所以重要，古籍之所以不可不讀，正在這層尋本與啟示的意義上。處於現代世界而倡言讀古書，並不是迷信傳統，更不是故步自封；而是當我們愈懂得聆聽來自根源的聲音，我們就愈懂得如何向歷史追問，也就愈能夠清醒正對當世的苦厄。要擴大心量，冥契古今心靈，會通宇宙精神，不能不由學會讀古書這一層根本的工夫做起。

基於這樣的想法，本局自草創以來，即懷著注譯傳統重要典籍的理想，由第一部的四書做起，希望藉由文字障礙的掃除，幫助有心的讀者，打開禁錮於古老話語中的豐沛寶藏。我們工作的原則是「兼取諸家，直注明解」。一方面熔鑄眾說，擇善而從；一方面也力求明白可喻，達到學術普及化的要求。叢書自陸續出刊以來，頗受各界的喜愛，使我們得到很大的鼓勵，也有信心繼續推廣這項工作。隨著海峽兩岸的交流，我們注譯的成員，也由臺灣各大學的教授，擴及大陸各有專長的學者。陣容的充實，使我們有更多的資源，整理更多樣化的古籍。兼採經、史、子、集四部的要典，重拾對通才器識的重視，將是我們進一步工作的目標。

古籍的注譯，固然是一件繁難的工作，但其實也只是整個工作的開端而已，最後的完成與意義的賦予，全賴讀者的閱讀與自得自證。我們期望這項工作能有助於為世界文化的未來匯流，注入一股源頭活水；也希望各界博雅君子不吝指正，讓我們的步伐能夠更堅穩地走下去。

新譯永嘉大師證道歌 目次

導讀

一、永嘉玄覺生平、簡歷

釋玄覺（西元六六五—七一三年），字明道，今浙江溫州永嘉人，俗姓戴氏。他自幼出家，「遍探三藏，精天台止觀圓妙法門。於四威儀中，常冥禪觀。」❶玄覺原住溫州龍興寺，「睹其寺旁別有勝境，遂於岩下自構禪庵」❷，精進修行。後因左溪玄朗禪師的激勵，「與東陽策禪師肩隨，遊方詢道，詣韶陽能禪師而得旨」❸。玄覺見到慧能時，手持錫杖，「繞祖三匝，卓然而立。」慧能問道：「夫沙門者，具三千威儀，八萬細行。大德自何方而來，生大我慢。」玄覺答道：「生死事大，無常迅速。」慧能又問：

❶《五燈會元》卷二〈永嘉玄覺禪師〉。

❷《宋高僧傳》卷八〈溫州龍興寺玄覺傳〉。

❸《宋高僧傳》卷八〈溫州龍興寺玄覺傳〉。

「何不體取無生、了無速乎？」玄覺答道：「體即無生，了本無速。」玄覺的見解得到慧能的認可。他具威儀正式參禮慧能後，立即告辭。慧能於是說：「返太速乎？」玄覺答道：「本自非動，豈有速耶？」慧能問：「誰知非動？」他答道：「仁者自分別。」慧能說：「汝得無生之意。」他問道：「無生豈有意乎？」慧能問：「無意誰當分別？」他回答說：「分別亦非意。」慧能讚歎道：「善哉！善哉！少留一宿。」後被稱為「一宿覺」❹。

玄覺得到慧能印證後，回溫州傳道，學者輻湊，號「真覺大師」。玄覺於先天二年（西元七一三年）去世，春秋四十九。後敕諡「無相」，塔曰「淨光」。其弟子中，有慧操、慧特、等慈、玄寂等為當時所推崇。玄覺著有〈永嘉證道歌〉一首、《禪宗悟修圓旨》一卷以及後被慶州刺史魏靜所輯的《禪宗永嘉集》一卷。

〈永嘉證道歌〉共一千八百餘字，由六十三首偈頌組成，或四句或六句，每首偈頌有韻。本文在原有音韻的基礎上，重新劃分為三十三節。其依據的版本是《大正新修大藏經》卷四八所收載的〈永嘉證道歌〉。

❹以上對話參見《五燈會元》卷二〈永嘉玄覺禪師〉。

二、〈證道歌〉真偽問題

一般認為，〈永嘉證道歌〉（或簡稱〈證道歌〉）為永嘉玄覺所作，儘管有後人增添的成分。但也有人否定它是玄覺所作，其懷疑的主要理由是〈證道歌〉出現西天二十八代之說和《永嘉集》裏沒有收錄〈證道歌〉。按照胡適先生的看法，〈永嘉證道歌〉（初名〈禪門祕要訣〉）應成書於晚唐、五代（西元九〇七—九五九年）之時，通常認為〈永嘉證道歌〉的作者、與六祖慧能同時代的永嘉玄覺，「直是一位烏有先生！」❺胡適主要依據是今存的〈證道歌〉含有「二十八代西天記」、「六代傳衣天下聞」等晚唐、五代才有定論的說法。有論者批評胡適先生的論據並不能充分成立，二十八代之說在玄覺時代已有，只是未普遍流行❻。〈證道歌〉所述的二十八代之說，我們可以從天台一系的史料中得到證明。根據李華〈故左溪大師碑〉，其述禪宗傳承時有云「此後相承，二十九世，至梁魏間，有菩薩僧菩提達摩禪師傳楞伽法」。此處的二十九代之說，是天台宗

❺ 參見胡適〈海外讀書雜記〉一文，《胡適學術文集‧中國佛學史》第二七—二八頁，中華書局一九九七年版。

❻ 詳見徐文明〈「永嘉證道歌」與二十八祖說的緣起〉一文，載《中國禪學》第一卷，中華書局二〇〇二年。

在禪宗二十八代之說的基礎上，加上阿難另一大弟子末田地，形成台家（指天台宗）自己的二十九代傳承之說。李華因左溪門下所請而撰〈故左溪大師碑〉，故其使用的材料得自於左溪玄朗門下，左溪門下必聞之於左溪（卒於西元七五四年），而左溪自己不會編撰禪宗二十八代傳承之說，因左溪與永嘉玄覺交誼較深，故推知二十八代之說來自永嘉玄覺。所以，〈證道歌〉出現二十八代之說，是很自然的。

韓國《高麗佛籍集佚》收有永嘉玄覺之妹靜居的《永嘉證道歌注》，此注亦載有「第一迦葉首傳燈，二十八代西天記」之說（但其注解明顯有誤）。因其錯注，故推知二十八代之說是早出，還未得到普遍流行和廣泛認同。後來出現於大曆年（西元七六六—七七九年）至八世紀末、九世紀初的〈鏡智禪師碑銘〉、《歷代法寶記》（胡適、柳田聖山等認為二十八代之說最早出現於此書）、《曹溪大師別傳》、《寶林傳》等典籍都提到了二十八代（或二十九代）之說，此說明慧能、永嘉時代出現的禪宗二十八代之說，已逐步廣泛地流傳開來，得到較普遍的認同。

我們也不能因為《永嘉集》沒有收錄〈證道歌〉而懷疑甚至否定〈證道歌〉為永嘉玄覺所作。〈證道歌〉闡述的內容主要是慧能南宗禪法思想，與闡述其早期禪法思想的《永嘉集》相異較大。由他姐姐收集並整理的〈證道歌〉，應是玄覺參見慧能以後晚年所作。《宗統編年》卷一〇認為玄覺在神龍元年（西元七〇五年）拜見慧能。從玄覺所住龍興寺（該寺原名中興，神龍三年即西元七〇七年被更名為龍興）的記載來看，玄覺參訪慧能的時間「不能早於神龍三年（西元七〇七年）之前。」❼由此可以推斷玄覺所作〈證道歌〉的時間大致在神龍三年（西元七〇七年）以後。

永嘉玄覺禪法思想比較複雜，有一個發展過程，他早年主要研習天台止觀法門，晚年轉而趨入慧能禪宗一系，「然終得於曹溪耳」。正因如此，天台法師最早批評〈證道歌〉為「天魔外道」、「辭旨怪戾」，並「非真作」。宋代志磐在《佛祖統紀》中引草庵對永嘉玄覺的評論說：「魏靖收遺文總十篇為一集，〈答友人書〉尚附其中而不收〈證道歌〉者，何耶？抑有說焉，以證道名歌，而如來設教修證之法，不出藏、通、別、圓。今所謂道者，藏、通修證乎？別、圓修證乎？若捨此而別有修證者，得非永明所謂『不依地位，天魔外道者乎？』」❽在天台宗的法師看來，永嘉玄覺與左溪玄朗同師天宮，精研天台止觀法門，其禪法系統應屬天台旁出。南宋志磐評論說：「左溪本紀稱真覺為同門友，真覺傳中稱左溪激勵遂謁曹溪，而又言精於天台止觀之道。是知同學於天宮，無可疑者。況《永嘉集》中全用止觀遮照之旨，至此當益信。是宜繫之天宮，用見師授之意。但世傳〈證道歌〉，辭旨怪戾，昔人謂非真作，豈不然乎？」❾天台法師批評〈證道歌〉

---

❼ 楊曾文《唐五代禪宗史》第二四八頁，中國社會科學出版社一九九九年版。

❽ 《佛祖統紀》卷一〇，《大正藏》卷四九，第二〇二頁。

是偽作，主要是因為〈證道歌〉的禪法思想與天台止觀禪法系統大異其趣。《永嘉集》在思想義理上，雖然以天台思想為主，事實上還雜含華嚴、三論、法相等諸宗派的思想，並非「全用止觀遮照之旨」。同時，永嘉玄覺的禪法思想，不僅有個發展過程，而且其來源也不僅僅限於曹溪一家，事實上也包含北宗神秀一系的禪法思想。《宋高僧傳》說玄覺「至若神秀門庭，遐徵問法，然終得於曹溪耳。」⑩

三、〈證道歌〉與慧能禪法

〈永嘉證道歌〉弘揚的主要是慧能禪法思想，從禪學思想系統上講，它應屬於慧能南宗一系。

〈永嘉證道歌〉首先繼承和發展了慧能「禪非坐臥」的禪修觀。從禪宗思想史上看，禪宗史籍一般認為中國禪宗的初祖是菩提達摩，二祖是慧可，三祖是僧璨，四祖是道信，五祖是弘忍。自弘忍後，禪宗有神秀北宗與慧能南宗之分。從禪法思想上看，無論是達摩禪法，還是道信禪法，無論是弘忍禪法，還是北宗神秀禪法，在實踐修持上都以「守

---

⑨《佛祖統紀》卷一〇，《大正藏》卷四九，第二〇二頁。

⑩《宋高僧傳》卷八〈溫州龍興寺玄覺傳〉。

心」、「觀心」、「看淨」的法門為主。達摩主張「安心」之「壁觀」法門，道信提倡「努力勤坐，坐為根本」⓫的「坐禪看心」法門，五祖弘忍強調「棲神幽谷，遠避囂塵，養性山中，長辭俗事」的「蕭然淨坐」法門⓬。至於北宗神秀也只是在道信、弘忍禪法基礎上，「提出了比較系統的以『觀心』、『看淨』為主旨的禪法。」⓭真正在思想系統和實踐觀法上徹底改變過去那種以真常唯心論為基礎，以「觀心」、「看淨」的坐禪方式為主要方便法門的，則屬慧能禪法。修習止觀、定慧，是慧能以前禪門的基本法門。自慧能禪宗始，對傳統佛教戒、定、慧「三學」進行了改造，賦予了不同傳統佛教的新涵意。

慧能從「自性戒」、「自性定」、「自性慧」出發，批評傳統意義上的觀心、看淨的坐禪法門：

善知識，此法門中，坐禪元不著心，亦不著淨，亦不言不動。若言看心，心元是妄，妄如幻故，無所看也。若言看淨，人性本淨，為妄念故，蓋覆真如，離妄念，本性淨。不見自性本淨，起心看淨，卻生淨妄。⓮

⓫《傳法寶記．道信傳》。
⓬《楞伽師資記》卷一，《大正藏》卷八五，第一二八九頁。
⓭楊曾文《唐五代禪宗史》第一一一頁，中國社會科學出版社一九九九年版。
⓮《壇經校釋》第三六頁，中華書局一九八三年版。

此法門中，何名坐禪？此法門中，一切無礙，外於一切境界上念不起為坐，見本性不亂為禪。何名為禪定？外離相曰禪，內不亂曰定。外若著相，內心即亂，外若離相，內性不亂。本性自淨自定，只緣觸境，觸即亂，離相不亂即定。外離相即禪，內不亂即定，外禪內定，故名禪定。⑮

很明顯，慧能完全超越了「坐禪」、「禪定」之傳統意義。在他看來，坐禪並非需要固定的程式和繁瑣的次第，關鍵在於自心、自性是否開悟。自心開悟了，一切都是「禪」，一切都是「定」，「道由心悟，豈在坐耶？」⑯宗寶本《壇經》記載慧能批評北宗神秀「住心觀淨，長坐不臥」的禪法：「住心觀淨，是病非禪，長坐拘身，於理何益？聽吾偈曰：生來坐不臥，死去臥不坐，一具臭骨頭，何為立功課！」

〈證道歌〉所說的「行亦禪，坐亦禪，語默動靜體安然」、「放四大，莫把捉，寂滅性中隨飲啄」等思想，正是對慧能「禪非坐臥」思想的繼承與弘揚。

〈證道歌〉繼承和發展了慧能「不假文字」和「頓悟」的禪風。從菩提達摩的「藉教悟宗」，至慧能的「不假文字」，禪宗在處理「禪」與「文字」之間的關係上，日益走

⑮《壇經校釋》第三七頁，中華書局一九八三年版。
⑯《曹溪大師別傳》，《壇經校釋》附錄，第一二七頁，中華書局一九八三年版。

向貶抑語言文字的發展道路。「不立文字，教外別傳」，是中國禪宗的一個特點，尤其是慧能一系禪法的重要特點。從禪宗思想發展史上看，自達摩至北宗神秀一系的如來禪雖然以「藉教悟宗」的「漸修」法門為特點，但是禪宗初祖達摩所開創的禪法已開始包含了「不立文字」的傾向。菩提達摩雖然主張「藉教悟宗」，並以四卷《楞伽經》作為印心、傳心的心要，但在「教」、「宗」之間，「藉教」僅僅是手段，開悟才是目的。達摩在實踐上強調坐禪「壁觀」，提倡「二入四行」，「更不隨於言教」⑰。中唐時期的宗密在〈中華傳心地禪門師資承襲圖〉中說：「達磨西來，唯傳心法，故自云：我法以心傳心，不立文字。」綜觀達摩禪法，雖以「藉教悟宗」為標幟，不廢言教，事實上卻有抬高「悟宗」的傾向，這種對「宗」與「教」的區隔，實際上開啟了後世「宗門」與「教門」之爭的先河，為日後禪宗強調「以心傳心，不立文字」的「教外別傳」提供了立論的依據。繼承達摩禪法的如來禪（相對於慧能祖師禪而言）一系，無論是二祖慧可、三祖僧璨、四祖道信，還是五祖弘忍，都不斷加強「教外別傳，不立文字」的傳心法門。慧可說：「故學人依文字語言為道者，如風中燈，不能破暗，焰焰謝滅」⑱。僧璨說：

⑰《楞枷師資記》卷一，《大正藏》卷八五，第一二八五頁。《祖堂集》卷二云：「慧可進曰：『和尚此法有文字記錄不？』」達摩曰：『我法以心傳心，不立文字。』」（〈第二十八祖菩提達摩和尚〉，《祖堂集》卷二）。

「故知聖道幽通，言詮之所不逮；法身空寂，見聞之所不及。即文字語言，徒勞施設也」⑲。道信說法曾引用《維摩經》、《金剛經》，要求「修道得真空者」，「決須斷絕文字語言」⑳，並常勸門人「努力勤坐，坐為根本。……莫讀經，莫共人語。」㉑弘忍在給神秀開示《楞伽經》時云：「此經唯心證了知，非文疏能解。」㉒如果說，自達摩至北宗一系的如來禪以「藉教悟宗」為特點、僅僅有尊「宗」輕「教」的傾向，那麼慧能所創立的祖師禪則在理論上真正確立了禪宗不立文字、貶抑經教的禪法原則。六祖慧能更是說：「諸佛妙理，非關文字」㉓，「本性自有般若之智，自用智慧觀照，不假文字」㉔。慧能禪宗「不假文字」的一個重要理論基礎是蕩相遣執的般若思想。慧能說：

若大乘者，聞識《金剛經》，心開悟解。故知本性自有般若之智，自用智慧觀照，不

⑱《楞伽師資記》卷一，《大正藏》卷八五，第一二八五頁。
⑲《楞伽師資記》卷一，《大正藏》卷八五，第一二八六頁。
⑳《楞伽師資記》卷一，《大正藏》卷八五，第一二八七頁。
㉑《傳法寶記》，《大正藏》卷五一，第一八三頁。
㉒《楞伽師資記》卷一，《大正藏》卷八五，第一二八九頁。
㉓《五燈會元》卷一〈六祖慧能大鑒禪師〉。
㉔敦煌本《壇經》第二八節。

假文字。㉕

一切經書，及諸文字，小大二乘，十二部經，皆因人置，因智慧性故，故然能建立。㉖

心行轉《法華》，不行《法華》轉；心正轉《法華》，心邪《法華》轉。㉗

仔細分析上述引言，可以發現慧能主要從自性般若之智的層面解釋「不假文字」的原因。按照慧能禪宗思想體系，「一切法盡在自性」㉘（自心），「自性」不僅具足一切淨法、善法，而且具足一切染法、惡法，只要「自心歸依淨，一切塵勞忘念，雖在自性，自性不染著」㉙。與自性般若智慧相比，經教文字顯然是次要的，對參禪修道者而言，要明心見性，解脫成佛，只要「用智慧觀照，於一切法不取不捨，即見性成佛道。」㉚慧能在一定程度上肯定了善知識的「示道見性」的作用，但最終仍依靠「自修自悟」：「不能自悟，須得善知識示道見性；若自悟者，不假外善知識。若取外求善知識，望得

㉕《壇經校釋》第五四頁。
㉖《壇經校釋》第五七—五八頁。
㉗《壇經校釋》第八二頁。
㉘《壇經校釋》第三九頁。
㉙《壇經校釋》第四六—四七頁。
㉚《壇經校釋》第五三頁。

解脫，無有是處。識自心內善知識，即得解脫。若自心邪迷，妄念顛倒，外善知識即有教授，救不可得。汝若不得自悟，當起般若觀照，剎那間，妄念俱滅，即是真正善知識，一悟即知佛也。」㉛在慧能禪宗看來，要真正明心見道，不能依靠「外善知識」，而須依靠「內善知識」即般若智慧。所有的經教文字、禪宗祖師，頂多也只是個「外善知識」。一旦自心邪迷，妄念顛倒，當起般若觀照即內善知識的作用，才能領悟解脫。一切經教文字，「因智慧性故，故然能建立」，很自然會得出一個結論：「自用智慧觀照，不假文字」。經教文字雖好，只是個外善知識，而外善知識對於一個妄念迷執的眾生而言，是「救不得」的，要救得，只能靠內善知識、真正善知識，即般若智慧。由此而言，慧能已非常自覺地從般若理論層面去說明禪宗「不假文字」、「不立文字」的經典理論依據。須指出的是，由於慧能禪宗並非屬於大乘空宗系統，故對大乘般若理論的運用始終繫於「一心」（自心或自性）上。「心正轉《法華》，心邪《法華》轉」，一念之心，能否解脫自由，不被經教文字所縛，關鍵在於心之邪正、迷悟。若心正、心悟，則自然解脫自由，成聖成佛；若心邪、心迷，則自然不得解脫，成凡成眾生。那麼，心如何由邪轉正、由迷轉悟能？這只能靠自心之般若智慧觀照。通過般若智慧的觀空、遣迷去妄，諸法之本性、諸法之實相，自然真實地顯現出來。

㉛《壇經校釋》第六〇頁。

慧能的「諸佛妙理，非關文字」的思想在〈證道歌〉裏得到鮮明的體現。玄覺自覺地反省和批評自己在參拜慧能之前，往往討論經疏，分別名相，枉費工夫：「吾早年來積學問，亦曾討疏尋經論。分別名相不知休，入海算沙徒自困。卻被如來苦訶責，數他珍寶有何益？從來蹭蹬覺虛行，多年枉作風塵客。」在玄覺看來，分別名相的積學問式的修行工夫，實際上是「空拳指上生實解」、「執指為月枉施功」，與「本源自性天真佛」無關。玄覺對自己早年「討論經疏，分別名相」修持經歷的批評，實際上隱含著對天台修持法門的否定。〈證道歌〉強調「不立文字」，反對「分別名相」和「數他珍寶」，這遭到天台法師的批評：「討疏尋經，分別名相，自不達耳，非經論過，不知討誰疏耶？若慈恩等疏則可耳。若天台疏，皆有方軌，攝法入心，觀與經合，非數他寶，豈可謂之分別名相而已哉！」㉜在天台看來，天台的「討疏尋經，分別名相」，與慈恩等宗派不一樣，它皆有方軌，能「攝法入心，觀與經合」，絕非玄覺所批評的「數他珍寶有何益」！天台法師對〈證道歌〉的批評，其重要原因是〈證道歌〉完全否定了天台的「討疏尋經，分別名相」、「攝法入心，觀與經合」，走上了慧能禪宗「諸佛妙理，非關文字」、自修自悟的修行道路。

慧能禪法的另一個重要特點是強調「頓悟」的解脫方法。《壇經》反覆提倡「頓悟」、

㉜《佛祖統紀》卷一〇，《大正藏》卷四九，第二〇二頁。

「頓修」：

迷即漸契，悟人頓修。

迷者經累劫，悟者剎那間。

自性頓修，亦無漸契。

我於忍和尚處，一問言下大悟，頓見真如本性。是故將此教法流行後代，令學道者頓悟菩提，令自本性頓悟。

前念迷即凡，後念悟即佛。

若悟無生頓法，見西方只在剎那；不悟頓教大乘，念佛往生路遙。

自性自悟，頓悟頓修，亦無漸次，所以不立一切法，諸法寂滅，有何次第。

從禪宗思想發展史上看，「頓悟」思想並非慧能首倡，但是他是禪宗史上把頓悟作為解脫成佛之根本方法的第一人。強調「頓悟」，是慧能一系南宗禪法區別於其他宗派的一個重要標幟。能否成佛，不需累劫修行，也無須煩瑣次第，只在當下一念之心是否開悟。前念迷即凡夫眾生，後念悟即解脫成佛。繼承慧能禪法思想的南陽神會在與北宗神秀一系論戰時說：「此為頓漸不同，所以不許。我六代大師，一一皆言單刀直入，直了見性，不言階漸。」（〈菩提達摩南宗定是非論〉）他批評北宗一系「法門是漸」。神會從頓悟、漸修的意義上，去分判禪宗南北兩派，可以說是相當深刻的。

慧能的直了見性、不言階漸的「頓悟」解脫方法，被玄覺〈證道歌〉反覆提倡：

只知犯重障菩提，不見如來開祕訣。有二比丘犯淫殺，波離螢光增罪結。維摩大士頓除疑，猶如赫日銷霜雪。

勇施犯重悟無生，早時成佛於今在。

頓覺了如來禪，六度萬行體中圓。

上士一決一切了，中下多聞多不信。

自從頓悟了無生，於諸榮辱何憂喜。

銷融頓入不思議。

一超直入如來地。

頓入無生知見力。

彈指圓成八萬門，剎那滅卻三祇劫。

聞說如來頓教門。

是則龍女頓成佛，

一句了然超百億。

大悟不拘於小節。

〈證道歌〉對「頓悟」思想的反覆提倡，清楚地表明永嘉玄覺已拋棄在《永嘉集》所提倡的「自淺之深」㉝的漸修次第思想，離開了天台止觀法門，而終歸於曹溪頓悟法門。

〈證道歌〉特別提倡慧能禪法高揚的「般若行」。佛教般若思想是禪宗的一個重要理論基礎。中國禪宗初祖菩提達摩，實際上開創了空有相融，以空攝有、佛性與般若相結合的中國禪宗發展方向。據《續高僧傳》，「磨法虛宗」，湯用彤先生反覆論證「達磨宗義，乃大乘空宗」㉞，這的確充分揭示了達摩禪法思想的重要一面。從達摩至北宗神秀一系的如來禪，主要以《楞伽經》（宋譯）作為傳心法要，在禪法思想體系上屬於《楞伽經》所確立的如來藏自性清靜心系統或真常唯心論系統。達摩一系的如來禪，儘管沿著以空攝有、般若與佛性相融的道路發展，但在實踐上並沒有構築出一個完整的、空有融合的禪法思想體系，直至慧能才真正完成佛教內部的空有相融、印度佛教與中國文化

㉝（宋）楊億《無相大師行狀》，《大正藏》卷四八，第三九七頁。

㉞湯用彤《漢魏兩晉南北朝佛教史》第五六八頁，北京大學出版社一九九八年版。

相結合、實踐修證的禪法思想體系。凡屬於真常唯心論思想系統的禪法，在實踐觀法上必然預設一個可觀、可證、可修的「真常心」。達摩禪法的「凝住壁觀」，實際上就是凝心、住心、安心、守心、觀心，以如來藏清淨心，作為凝、住、安、守、觀之對象，然後捨偽歸真、返本還源，從而達到「與道冥符，寂然無為」㉟的涅槃境界。達摩以後，道信、弘忍以及北宗神秀，儘管在經典的依持上兼採《維摩經》、《文殊說般若經》、《金剛經》等，就「藉教悟宗」而言，已不局限於《楞伽經》。但就禪法思想義理基礎而言，本質上仍屬於《楞伽經》所確立的真常唯心論系統，就實踐觀法而言，本質上仍然屬於捨妄歸真、住心看淨之漸修法門。在實踐觀法上，道信說「努力勤坐，坐為根本」㊱，弘忍強調「欲知法要，守心第一」，北宗神秀強調「凝心入定，住心看淨」㊲，至六祖慧能才真正改變了達摩至北宗神秀一系如來禪的坐禪、觀心、守心的禪修實踐法門。慧能完全從「無念」、「無住」、「無相」的般若實相精神出發，批判坐禪、觀心之「看心看淨」的漸修法門，「卻是障道因緣。」慧能的「禪非坐臥」、「不假文字」、「頓悟」等禪法思想，實際上都是以大乘般若實相思想為根本基礎。

㉟《續高僧傳》卷一六，《大正藏》卷五〇，第五五一頁。

㊱《傳法寶紀・道信傳》。

㊲上述引文參考楊曾文《唐五代禪宗史》第三章，中國社會科學出版社一九九九年版。

慧能特別強調「摩訶般若波羅蜜，最尊、最上、第一」[38]，般若三昧是「最上乘法」[39]。慧能《壇經》，反覆引用屬於大乘般若系統的《金剛經》、《維摩經》，在思想系統上已不屬於《楞伽經》的如來藏自性清淨心系統，在實踐修持法門上已不屬於《楞伽經》著力提倡的「漸淨非頓」。慧能所提倡的「無相」、「無念」、「無住」之「三無」的修持法門，貫穿著一種蕩相遣執的般若精神，這恰恰是慧能禪法思想的一個根本特點。在戒、定、慧「三學」中，慧能實際上特別重視般若智慧，並以「慧」去融通、統攝「戒」和「定」，所以他特重智慧觀照。如他說：「用智慧觀照，於一切法不取不捨，即見性成佛道。」[40]胡適先生說慧能的「六祖革命」，並「不是南宗革北宗的命，其實是一個般若宗革了楞伽宗的命。」[41]胡適的確突出了慧能禪法以般若思想為核心的特點，儘管他用「般若宗」、「楞伽宗」來概括不太準確。從思想系統上說，慧能禪宗已完成了達摩一系的如來禪以空攝有的教內工作，同時實現了印度佛教與中國文化之教內教外的有機融合，從而在實際上便形成了一種它所特有的唯當下現實之心的新的唯心論系統，這實有別於《楞

---

[38] 《壇經校釋》第五一頁。
[39] 《壇經校釋》第五四頁。
[40] 《壇經校釋》第五三頁，中華書局一九八三年版。
[41] 《胡適學術文集．中國佛學史》第一二九頁，中華書局一九九七年版。

伽經》、《大乘起信論》等確定的真常唯心論系統。但也不能說慧能禪宗是「般若宗」，屬於大乘空宗思想系統。

〈證道歌〉也非常重視諸法性空、「不壞假名而說諸法實相」（《大智度論》卷五五）的有無雙遣、不落兩邊之大乘般若思想。

有人問我解何宗？報道摩訶般若力。

大丈夫，秉慧劍，般若鋒兮金剛焰。

真不立，妄本空，有無俱遣不空空。二十空門元不著，一性如來體自同。心是根，法是塵……心法雙忘性即真。

了了見，無一物，亦無人，亦無佛。

捨妄心，取真理，取捨之心成巧偽。

不求真，不斷妄，了知二法空無相。無相無空無不空，即是如來真實相。

玄覺以後的南宗禪師進一步發揮〈證道歌〉的「亦無人，亦無佛」的蕩相遣執、掃蕩一切的大乘般若精神。德山宣鑒禪師說：「這裏無祖無佛，達磨是老臊胡，釋迦老子是乾屎橛，文殊普賢是擔屎漢。」㊷臨濟義玄禪師也說：「等、妙二覺，擔枷鎖漢。

羅漢、辟支，猶如廁孔。」㊸甚至「逢佛殺佛，逢祖殺祖，逢羅漢殺羅漢，逢父母殺父母，逢親眷殺親眷，始得解脫，不與物拘，透脫自在」㊹。後期禪宗走上機鋒冷語、棒喝交馳、「毀佛毀祖」、「排斥三藏教」㊺的道路，其思想理論依據乃在於《般若經》。如呂澂先生所言，慧能一系「南宗禪法的根本精神貫串著無相、無住，又特別提般若行，在《大般若經》裏發揮無相、無住最徹徹的《金剛般若經》，恰恰給他們很好的依據」㊻。

從上述分析可以看出，「禪非坐臥」、「不立文字」、「頓悟」和「般若行」是慧能禪法思想的突出特點，〈證道歌〉同樣具有慧能禪法的特點，這說明永嘉玄覺禪法思想「終得於曹溪」是合乎歷史實際的，同時從另一個側面可以說明〈證道歌〉是玄覺參拜慧能以後所作。

㊷《五燈會元》卷七〈德山宣鑒禪師〉。

㊸《大正藏》卷四七，第四九七頁。

㊹《大正藏》卷四七，第五〇〇頁。

㊺《大正藏》卷四七，第四九九頁。

㊻呂澂《中國佛學源流略講》第三七五頁，中華書局一九七九年版。

四、〈證道歌〉對後世禪門的影響

〈證道歌〉對後世屬於慧能禪門一系的南宗禪影響很大，這可以從後世禪師反覆引用〈證道歌〉的思想內容中得到充分證明。

《古尊宿語錄》卷一載馬祖道一語：「一切眾生從無量劫來，不出法性三昧，長在法性三昧中。著衣吃飯，言談祇對，六根運用，一切施為，盡是法性。」馬祖道一所說的「著衣吃飯，言談祇對，六根運用，一切施為，盡是法性」，實際上是對玄覺「放四大，莫把捉，寂滅性中隨飲啄」的注解。靜居於此注曰：「無生無滅故云寂滅，於此中遇茶吃茶，遇飯吃飯，無有障礙，性常如是，故曰隨飲啄。」

《古尊宿語錄》卷二載百丈懷海語：「但約如今照用，一聲一色，一香一味，於一切有無諸法，一一境上，都無纖塵取染，亦不依住無取染，亦無不依住知解，者個人日食萬兩黃金，亦能消得。」百丈懷海所說的「者個人日食萬兩黃金，亦能消得」，來自〈證道歌〉「四事供養敢辭勞，萬兩黃金亦消得」。

黃檗希運的《傳心法要》直接引用〈證道歌〉中的「絕學無為閑道人」、「勢力盡，箭還墜，招得來生不如意。爭似無為實相門，一超直入如來地」、「了了見，無一物，亦無人，亦無佛」。黃檗希運的《宛陵錄》也直接引用〈證道歌〉中的「本源自性天真佛」、「了了見，無一物，亦無人，亦無佛」、「無明實性即佛性」。

據《五燈會元》卷四，終南山雲際師祖禪師引〈證道歌〉問南泉普願：「摩尼珠人不識，如來藏裏親收得。如何是藏？」

據《古尊宿語錄》卷四，臨濟義玄禪師引〈證道歌〉云：「你一念心，只向『空拳指上生實解，根境法中虛捏怪』。又云：『自古先輩到處人不肯信，被遞出始知是貴。若到處人盡肯，堪作什麼？所以師子一吼，野干腦裂。』」

據《祖堂集》卷一七，長沙景岑和尚引〈證道歌〉云：「燈分千室，元是一光；潮應萬波，本來一水。迷人差別，智者同真，是故先德云：『非唯我今獨達了，恒沙諸佛體皆同。』」

《曹山元證禪師語錄》引〈證道歌〉云：「不見永嘉云：『莽莽蕩蕩招殃禍』」。

《洞山悟本禪師語錄》引〈證道歌〉云：「師勘僧曰：心法雙忘性即真，第幾座？僧云：第二座。」

〈證道歌〉被後世禪門反覆引用，足見〈證道歌〉在禪宗發展史上的歷史地位及其思想影響。

永嘉大師證道歌全文

唐慎水沙門玄覺 撰

君不見，絕學無為閑道人，不除妄想不求真。無明實性即佛性，幻化空身即法身。法身覺了無一物，本源自性天真佛。五陰浮雲空去來，三毒水泡虛出沒。

證實相，無人法，剎那滅卻阿鼻業。若將妄語誑眾生，自招拔舌塵沙劫。頓覺了如來禪，六度萬行體中圓。夢裏明明有六趣，覺後空空無大千。

無罪福，無損益，寂滅性中莫問覓。比來塵鏡未曾磨，今日分明須剖析。誰無念，誰無生？若實無生無不生。喚取機關木人問，求佛施功早晚成？

放四大，莫把捉，寂滅性中隨飲啄。諸行無常一切空，即是如來大圓覺。決定說，表真僧，有人不肯任情徵。直截根源佛所印，摘葉尋枝我不能。

摩尼珠，人不識，如來藏裏親收得。六般神用空不空，一顆圓光色非色。淨五眼得五力，唯證乃知難可測。鏡裏看形見不難，水中捉月爭拈得。

常獨行常獨步，達者同遊涅槃路。調古神清風自高，貌顇骨剛人不顧。窮釋子口稱貧，實是身貧道不貧。貧則身常披縷褐，道則心藏無價珍。

無價珍，用無盡，利物應機終不悋。三身四智體中圓，八解六通心地印。上士一決一切了，中下多聞多不信。但自懷中解垢衣，誰能向外誇精進。

從他謗，任他非，把火燒天徒自疲。我聞恰似飲甘露，銷融頓入不思議。觀惡言，是功德，此即成吾善知識。不因訕謗起怨親，何表無生慈忍力？

宗亦通，說亦通，定慧圓明不滯空。非但我今獨達了，恒沙諸佛體皆同。師子吼，無畏說，百獸聞之皆腦裂。香象奔波失卻威，天龍寂聽生欣悅。

遊江海，涉山川，尋師訪道為參禪。自從認得曹溪路，了知生死不相關。行亦禪，坐亦禪，語默動靜體安然。縱遇鋒刀常坦坦，假饒毒藥也閑閑。我師得見然燈佛，多劫曾為忍辱仙。

幾回生，幾回死，生死悠悠無定止。自從頓悟了無生，於諸榮辱何憂喜。入深山，住蘭若，岑崟幽邃長松下。優游靜坐野僧家，闃寂安居實瀟灑。

覺即了，不施功，一切有為法不同。住相布施生天福，猶如仰箭射虛空。勢力盡，箭還墜，招得來生不如意。爭似無為實相門，一超直入如來地。

但得本，莫愁末，如淨琉璃含寶月。既能解此如意珠，自利利他終不竭。江月照，松風吹，永夜清宵何所為？佛性戒珠心地印，霧露雲霞體上衣。

降龍鉢，解虎錫，兩鈷金環鳴歷歷。不是標形虛事持，如來寶杖親蹤跡。不求真，不斷妄，了知二法空無相。無相無空無不空，即是如來真實相。

心鏡明，鑑無礙，廓然瑩徹周沙界。萬象森羅影現中，一顆圓光非內外。豁達空，撥因果，莽莽蕩蕩招殃禍。棄有著空病亦然，還如避溺而投火。

捨妄心，取真理，取捨之心成巧偽。學人不了用修行，深成認賊將為子。損法財，滅功德，莫不由斯心意識。是以禪門了卻心，頓入無生知見力。

大丈夫，秉慧劍，般若鋒兮金剛焰。非但空摧外道心，早曾落卻天魔膽。震法雷，擊法鼓，布慈雲兮灑甘露。龍象蹴踏潤無邊，三乘五性皆醒悟。

雪山肥膩更無雜，純出醍醐我常納。一性圓通一切性，一法遍含一切法。一月普現一切水，一切水月一月攝。諸佛法身入我性，我性同共如來合。

一地具足一切地，非色非心非行業。彈指圓成八萬門，剎那滅卻三祇劫。一切數句非數句，與吾靈覺何交涉？

不可毀，不可讚，體若虛空勿涯岸。不離當處常湛然，覓即知君不可見。取不得，捨不得，不可得中只麼得。

默時說，說時默，大施門開無壅塞。有人問我解何宗？報道摩訶般若力。或是或非人不識，逆行順行天莫測。吾早曾經多劫修，不是等閑相誑惑。

建法幢，立宗旨，明明佛敕曹溪是。第一迦葉首傳燈，二十八代西天記。法東流，入此土，菩提達磨為初祖。六代傳衣天下聞，後人得道何窮數。

真不立，妄本空，有無俱遣不空空。二十空門元不著，一性如來體自同。心是根，法是塵，兩種猶如鏡上痕。痕垢盡除光始現，心法雙忘性即真。

嗟末法，惡時世，眾生福薄難調製。去聖遠兮邪見深，魔強法弱多恐害。聞說如來頓教門，恨不滅除令瓦碎。作在心，殃在身，不須怨訴更尤人。欲得不招無間業，莫謗如來正法輪。

栴檀林，無雜樹，鬱密森沉師子住。境靜林間獨自遊，走獸飛禽皆遠去。師子兒，眾隨後，三歲便能大哮吼。若是野干逐法王，百年妖怪虛開口。

圓頓教，勿人情，有疑不決直須爭。不是山僧逞人我，修行恐落斷常坑。非不非，是不是，差之毫釐失千里。是則龍女頓成佛，非則善星生陷墜。

吾早年來積學問，亦曾討疏尋經論。分別名相不知休，入海算沙徒自困。卻被如來苦訶責，數他珍寶有何益？從來蹭蹬覺虛行，多年枉作風塵客。

種性邪，錯知解，不達如來圓頓制。二乘精進勿道心，外道聰明無智慧。亦愚癡，亦小騃，空拳指上生實解。執指為月枉施功，根境法中虛捏怪。

不見一法即如來，方得名為觀自在。了即業障本來空，未了應須還夙債。饑逢王膳不能餐，病遇醫王爭得瘥。在欲行禪知見力，火中生蓮終不壞。勇施犯重悟無生，早時成佛於今在。

師子吼，無畏說，深嗟懵懂頑皮靼。只知犯重障菩提，不見如來開祕訣。有二比丘犯淫殺，波離螢光增罪結。維摩大士頓除疑，猶如赫日銷霜雪。

不思議，解脫力，妙用恒沙也無極。四事供養敢辭勞，萬兩黃金亦銷得。粉骨碎身未足酬，一句了然超百億。法中王，最高勝，恒沙如來同共證。我今解此如意珠，信受之者皆相應。

了了見，無一物，亦無人，亦無佛。大千沙界海中漚，一切聖賢如電拂。假使鐵輪頂上旋，定慧圓明終不失。

日可冷，月可熱，眾魔不能壞真說。象駕崢嶸謾進途，誰螳螂，能拒轍？大象不遊於兔徑，大悟不拘於小節。莫將管見謗蒼蒼，未了吾今為君訣。

一

君不見，絕學❶無為❷閑道人❸，不除妄想❹不求真。無明❺實性❻即佛性❼，幻化空身即法身❽。法身覺了無一物❾，本源自性❿天真佛⓫。五陰⓬浮雲空去來，三毒⓭水泡虛出沒。

【注釋】

❶**絕學** 亦稱「無學」，聲聞乘四果中前三果為「有學」，第四阿羅漢果為「無學」，指學道圓滿，不更修學。《法華玄贊》曰：「戒定慧三正為學體進趣修習，名為有學，進趣圓滿，正息修習，名為無學。」

❷**無為** 又稱無為法。為者造作之義，無因緣造作，曰「無為」。又無生、住、異、滅四相之造作曰「無為」，即真理之異名。涅槃、法性、實相、法界，皆「無為」之異名。《探玄記》卷四曰：「緣所起法名曰有為，無性真理名曰無為。」

❸**閑道人** 《詩經》毛注曰：「閑者，習也。」閑道人，指遠離世間俗事、超越是非善惡、遠離凡聖邊見、自由自在地修道之人，上無諸佛可成，下無眾生可度，身心一如，身外無餘。

❹**妄想** 不當於實曰妄，妄為分別而取種種之相曰「妄想」。《大乘義章》卷三曰：「凡夫迷實之

心，起諸法相，執相施名，依名取相，所取不實，故曰妄想。」

❺**無明** 「痴」的異名，沒有理性光明的狀態，這是世界與生命的最原始狀態，為十二因緣的第一支。人的生、老、病、死等一切苦痛，都由「無明」而來。《大乘義章》卷四曰：「言無明者，痴暗之心，體無慧明，故曰無明。」

❻**實性** 本性、本質、真如的異名，具體來說，佛教所說的實性即是佛性。

❼**佛性** 指佛的本性，是成佛的內在依據。佛者，覺悟也，一切眾生皆有覺悟之性，名為「佛性」。「性」者，不改之義，通因果而不改自體是曰「性」。

❽**法身** 即自性身，又稱「法佛」、「法性身」。一切眾生皆有佛性，這佛性若在隱位，或潛存狀態，為「如來藏」；若這如來藏顯現出來，則為「法身」。「法身」的最明顯特性是有常住義，無去無來，亙古亙今，湛然常住，不隨人的色身敗滅而消滅，可長存於天地間。

❾**無一物** 禪宗六祖慧能得道之語，指超越是非、善惡、凡聖、生死、迷悟、起滅等相而達到無相。《六祖壇經》曰：「菩提本無樹，明鏡亦非臺。本來無一物，何處惹塵埃。」

❿**自性** 指自己的存在的本質，自己決定自己存在的那種真實不變的本質。這是存在自身與其他存在區別開來而不能混淆的本性，佛教主緣起性空之說，以一切都是緣起，故一切法都無那真實不變的本質，故自性是要被否定的，即所謂空。

⓫**天真佛** 即「法身佛」，指不假修證、造作，當體進入佛的境地。

⓬**五陰** 又稱「五蘊」。蘊是積集之意，「五蘊」是構成我們的存在以及周圍環境的五種重要的元素的集合。這即是：㈠色，物質一般，或作身體，指物質性的東西。㈡受，感受或單純的感情。

㈢想，想像，心中浮現的形象，或表象作用。㈣行，意志、意念、行動的欲求。㈤識，認識作用，識別作用，又可指意識。

⓭三毒　指貪、嗔、痴。引取之心，名為「貪」。忿忿之心，名為「嗔」。迷暗之心，名為「痴」。在諸煩惱中，貪、嗔、痴是最根本的煩惱。

【語　譯】

你可曾知曉：那證得阿羅漢果而又能擺脫世間一切俗事的修道之人，並不會刻意去除妄想，也不會苦苦地追尋所謂的真。因為一切苦痛的根本——無明，其實體就是佛性。幻化空身既是佛法本質的法身，一旦覺悟到了佛法的本質，則可超越是非、善惡、凡聖、生死、迷悟、起滅等相而達到無相。眾生本來就具有超越的真性，便會進入成佛的佳境，五蘊和合之身如天上的浮雲，一瞬間就會消滅，三毒潛藏的心體，亦如水泡，頃刻間也將變壞。

【研　析】

「自性即佛」、「即心即佛」。在禪宗看來，諸法性空平等，一切如如，妄想與真實、無明與佛性等種種對立，都是世俗妄智分別造成的。一旦開悟了，「法身覺了無一物」，原來一切皆空，自己本來就是佛，只是眾生妄心迷執，向外求玄求佛。

二

證實相❶，無人法，剎那滅卻阿鼻❷業❸。若將妄語❹誑眾生，自招拔舌❺塵沙劫❻。頓覺❼了如來禪❽，六度❾萬行體中圓。夢裏明明有六趣❿，覺後空空無大千。

【注釋】

❶**實相** 實者，非虛妄之義，相者無相也。是指萬有本體之語，或曰法性，或曰真如，或曰實相，其體相同，都有本原不變的理法之意。「一實」、「一如」、「一相」、「無相」、「法身」等皆是「實相」之異名。《涅槃經》卷四〇曰：「無相之相，名為實相。」

❷**阿鼻** 又作阿鼻旨，漢譯作「無間」。這是最低的地獄，稱阿鼻地獄，略稱阿鼻獄，是八大地獄之一。「無間」是不間斷地受苦之意，是諸地獄中最苦者，有情若犯了五逆、謗法的重罪，便要墜落到這個地方，又由於有情受到的激烈的苦痛，會不斷發出呼喚聲，故又稱阿鼻焦熱地獄。這個地獄還因為其非常廣大，平凡者不能逃離此境，故又稱阿鼻大城。

❸**業** 造作之意，通常分身、口、意三方面，故稱「三業」。身是通過身體而發出的行動；口是由口部發出的言說；意是意識的種種構思、想像。

❹**妄語** 十惡之一，指存心欺騙他人、而口出的不真實言語。《大乘義章》卷七曰：「言不當實，故稱為妄，妄有所談，故名妄語。」

❺**拔舌** 即拔舌地獄，作口業之惡者所墜入的地獄。

❻**塵沙劫** 塵沙，用來比喻事物之多，如塵如沙。劫，音譯作「劫波」，這是印度表示極其長久的時間單位。佛教中對「劫」的解釋不一，一般分為大劫、中劫、小劫。有一種解釋認為，人壽自十歲開始，每百年增加一歲，至八萬四千歲，然後再由八萬四千歲起，每百年減少一歲，至人壽十歲為止。這一增一減為一小劫，二十小劫為一中劫，合四中劫為一大劫。

❼**頓覺** 頓然地覺悟佛理。指不必經過階段、次第而直接當下頓悟菩提。

❽**如來禪** 又稱如來清淨禪、一行三昧或真如三昧。指中國禪宗初祖菩提達摩所傳的不立文字、單傳直指如來心印之禪，非通常所說的四禪、八定之禪。

❾**六度** 又稱「六波羅蜜」，指六種到達涅槃彼岸的途徑和方法。其波羅蜜之行法有六種：一布施、二持戒、三忍辱、四精進、五禪定、六智慧。

❿**六趣** 又稱「六道」。指眾生依業的染淨而輪轉的六種境界。分別是：「地獄趣」，指受八寒八熱等苦的地獄，此在地下，故曰地獄；「餓鬼趣」，指常求飯食之鬼類所生之地，與人趣雜處而不可見；「畜生趣」，新譯曰旁生趣，即禽獸所生之地，多以人界為依所而眼可見；「阿修羅趣」，即常懷嗔心而好戰的大力神所生之地，以深山幽谷為依所而與人隔絕；「人間趣」，即人類所生之地，分閻浮提等四大洲，但四大洲隔離，不得通力者不能到；「天趣」，即為身有光明，自然接受快樂的眾生（名為天）所生之地。

【語 譯】

一旦證得了真如，心中就沒有了人與法的差別，剎那間就會去除無間地獄的惡業。假若用不真實的言語去欺騙天下眾生，自會招致拔舌地獄的果報，且沒有解脫之日，直到永劫。假如覺悟了如來所得的禪定，修行就自然會圓滿，在尚未覺醒的睡夢中清清楚楚地呈現了六道生死輪迴的境地，只要覺悟了佛理，大千世界的千差萬別也就不復存在了。

【研 析】

證悟實相，自心具足一切。在禪宗看來，自心具足一切，自性本來清淨，八萬細行，三千威儀，無一理而不圓，無一事而不備。《壇經》云：「於自性中萬法皆現。一切法在自性，名為清淨法身」。只因眾生「無明」，而有人法、真妄、生死等種種對立和差別，但是一旦頓消無明業識，頓悟自心，就會覺後空空無大千，萬法俱寂。

三

無罪福❶，無損益，寂滅❷性中莫問覓。比來塵鏡未曾磨，今日分明須剖析。誰無念❸，誰無生❹？若實無生無不生。喚取機關木人❺問，求佛施功早晚成？

【注　釋】

❶**罪福**　五逆、十惡等為罪，五戒、十善等為福。罪有苦報，福有樂報。

❷**寂滅**　涅槃之譯語，指種種身心的動作念慮停息，一切煩惱消失的靜寂的境地，這是佛的覺悟的境界。作為真理的法性、真如就呈現在此境界中。

❸**無念**　又稱「正念」，指不起虛妄的念想、分別心，並不是說全不起念、毫無思維活動，而是指所起的念頭應符合佛法真如。《宗鏡錄》卷八曰：「正念者，無念而知，若總無知，何成正念！」

❹**無生**　又稱「無生法」，指真如之理，涅槃之體。生滅變化都是世間眾生虛妄分別的產物，實際上無生滅變化可言。《圓覺經》曰：「一切眾生於無生中妄見生滅，是故說名轉輪生死。」

❺**機關木人**　即我們的肉身，因眾生肉體是由地、水、火、風所組成的，所以無自性，如同木偶一般。

【語譯】

沒有罪與福，也沒有損與益，也無須在無為寂靜的涅槃境界中去尋覓事物的差別，像銅鏡一樣沾滿塵土，從未曾清洗過，今日也該清洗乾淨，使它能鑑別萬物的實性。誰能去除妄念，誰又能逃離生滅變化的束縛？假如真的沒有「生」，自然也就沒有「滅」，問那木偶一樣的愚蠢之人，求佛用功，從早到晚，永不間斷，到底能否成？

【研析】

自心本空，無念無生。自心本空，罪福無主，哪有損益可言？但是初學者往往不自信自己的本心，背覺合塵，自心被各種妄念、習氣障蔽，如同明鏡沾滿了厚厚的灰塵。若一旦了悟到「無念」、「無生」的佛法，就會覺悟到自己的本來面貌，自心即空，空即一切。自心能緣起一切，故云「生」，但緣起諸法本無自性，故云「無生」。所以說自心無念、無生，即是「無不生」。但是，禪宗的「無念」，只是於念而離念，若斷滅思慮，「百物不思」，如機關木人，則陷入了被佛教所批評的「斷滅見」，這是永遠成不了佛的。

四

放四大❶，莫把捉，寂滅性中隨飲啄。諸行無常❷一切空，即是如來❸大圓覺❹。決定說，表真僧，有人不肯任情徵。直截根源佛所印，摘葉尋枝我不能。

【注釋】

❶**四大** 指地、水、火、風四種元素，這四元素合起來，即成物質，故又稱「能造色」。其中「地大」的本質是堅性，有保持的作用；「水大」的本質是溼性，有收集的作用；「火大」的本質是熱性，有使物成熟的作用；「風大」的本質是流動，有使物生長的作用。

❷**諸行無常** 「三法印」之一。「三法印」是佛教鑑別是否合乎佛法真理的標準，即諸行無常、諸法無我、涅槃寂靜。「諸行無常」是指眾生無定止，一意念得到滿足，馬上又會生起另外的意念，永無滿足之時。「諸法無我」是指種種存在、現象都無獨立的自性，都是因緣和合而生起。「涅槃寂靜」則是要證取的寂靜境界。前「兩印」是就現象層面說，「涅槃寂靜」則是佛教的理想和最終歸宿。

❸**如來** 佛的十大名號之一。如，即「真如」，指佛所說的絕對真理。按照佛的真理而成正覺，即

為「來」。《成實論》卷一曰：「如來者，乘如實道來成正覺，故曰如來。」

❹**大圓覺** 廣大而完全的覺悟，指佛的覺悟，即佛智。

【語 譯】

萬事萬物都是四大和合而成，其生滅變化有定律，因而不必過於執著。只有進入到無為寂靜的涅槃境界中，方能隨人所欲，自在快活。大千世界中萬事萬物變化無常，因而一切皆是虛幻。理解了這個道理，便是有了廣大而完全的覺悟。要將佛最真實的教理授予那些追求真理的僧人，卻有人過於愚蠢，不能順乎自然，而總是隨自己的情感去說教，這些人應該直接進入到佛的教理，因那已被佛所印證。宣揚佛教教義，隻言片語，本末倒置，是萬萬不能的。

【研 析】

諸行無常一切空，直截根源佛所印。諸行無常，諸法性空。既然一切如如，就應該隨緣放曠，無執無著，無拘無束，任意逍遙，自由自在。但是有人不信受諸法性空、一切如如的佛理，卻任情徵問，徒生許多邪解異見，而不能單刀直入，契入佛性。

五

摩尼珠❶，人不識，如來藏❷裏親收得。六般神用❸空不空，一顆圓光色非色。淨五眼❹得五力❺，唯證乃知難可測。鏡裏看形見不難，水中捉月❻爭拈得。

【注釋】

❶**摩尼珠**　音譯為末尼或摩尼，意譯為「珠寶」、「離垢」、「如意」等。佛教以「摩尼珠」比喻去惡滌垢的德行，而禪宗人士時常用摩尼珠喻佛性、清淨心。

❷**如來藏**　又稱「如來胎」，是「真如」、「佛性」的異名，是眾生平等本有的成佛依據。依世親《佛性論・如來藏品》，「藏」有三義：㈠所攝之義，指真如立於眾生之位，含和合、不和合之二門，為和合門者生一切之染法，為不和合門者生一切之淨法。一切染淨之法皆攝於真如，故云「如來藏」。易言之，則是真如攝含一切法。㈡隱覆之義，真如在煩惱中時為煩惱隱覆如來之性德，而不使顯現，故名如來藏，是眾生之煩惱藏如來。㈢能攝之義，真如在煩惱中含攝如來一切果地之功德，故名如來藏。

❸**六般神用**　即「六般神通」，簡稱「六通」，指三乘聖者所得到的六種不可思議的超人的能力，

具體為：天眼通（能透見自己他人未來事故的能力）、神足通（能自由自在地隨意欲到想到的地方的能力）、他心通（能透視他人心意思想的能力）、宿命通（能知自己他人過去的事情的能力）、漏盡通（能斷除一切煩惱的能力）、天耳通（能聞聽眾生及世間種種聲音的能力）。

❹ **五眼** 指觀察五種不同層次對象的眼力。㈠肉眼，肉身所具的眼，其眼力最為有限 。㈡天眼，天界的存在者所具的眼，這種眼力能透視眾生的未來與生死。㈢慧眼，二乘者所具的眼，二乘者所具的眼能觀照一切事相的空的本質，所謂「真空無相」。㈣法眼，菩薩的眼，能透視一切法的分別相，因而能具足一切法門，以救渡眾生。㈤佛眼，佛陀圓具一切眼力。不只能觀事物的普通的空性，還能觀事物的個別殊相。

❺ **五力** 五種特殊的力量，這五種力可使人維持修行並對治五障，達到涅槃的境界。「五力」具體為：㈠信力，指信正道及助道法時若信根增長，則能破除一切煩惱，不為偏小諸疑所動。㈡念力，指念正道及助道法時若念根增長，則能破除諸邪想，成就一切出世正念功德。㈢精進力，指行此正道及助道法時若精進根增長，則能除身心懈怠，成辦出世之法。㈣定力，指攝心時若定根增長，則能破除諸亂想，發諸事理禪定。（事理禪定者，事即色界無色界禪定也，理即聲聞等依理修習所發禪定是也。）㈤慧力，指四念處之慧照了一切諸法時若慧根增長，則能破除一切邪妄之執，破除一切偏小之慧。

❻ **水中捉月** 虛妄不實之意。大乘的一種譬喻，喻說諸法皆因緣而起故無自性，因而諸法虛妄不實。

【語　譯】

真實而沒有汙垢的德性，像一顆沒有瑕疵的寶珠，可是世人不曾知曉它的真正價值，因為它被收藏在如來藏中，並被貪嗔無明的雜質包裹了。具備了六種不可思議的超人能力，大千世界便不存在「空」與「不空」，而摩尼珠也不會去區別物質與非物質。使肉、天、慧、法、佛五眼保持乾淨，便可得信心、精進、念、定、慧這五種特殊的力量。只有具備了佛性，才可知世界萬法的真實相狀深不可測，從鏡子裏看物體的形狀並不難，但若想從水中撈起月亮，卻是難上加難。

【研　析】

自性清淨，具足一切。禪宗講的如來藏，即自性、佛性，如摩尼珠一樣，本來清淨無染，但能隨緣顯現萬法，能照萬物。《壇經》云：「自性含萬法，名為藏識。」此是禪宗的心地法門，唯自心證悟才能了知，非凡情所能測度。一旦開悟，徹見自己的本來面目，覺悟原來自性具足一切，如同明鏡能照萬物一樣。

六

常獨行，常獨步，達者同遊涅槃❶路。調古神清風自高，貌顇骨剛人不顧。窮釋子❷口稱貧，實是身貧道不貧。貧則身常披縷褐，道則心藏無價珍。

【注釋】

❶涅槃　音譯作「泥洹」、「涅槃那」等，舊譯為「滅」、「滅度」、「寂滅」、「不生」、「無為」、「解脫」、「安樂」等，新譯為「圓寂」。涅槃是指擺脫一切煩惱及生死輪迴而達到的一種境界，是佛教全部修習所要達到的最高理想。

❷釋子　出家人從佛氏姓，故稱釋子。

【語譯】

常常獨行，又常常獨步，已經證悟了佛法實相的人們，一起徜徉通向成佛的道路上，人們對佛法的追求與嚮往應格調高雅，正氣凜然，一如既往，不可被世俗之物所誘惑。釋迦的弟子，口裏常常稱自己是貧僧，其實他們只是缺乏財物，但卻擁有很豐富的佛道。說貧，只是因為他們常常衣衫襤褸，可他們並不貧，因為他們心裏藏有的佛法卻是無價之寶。

【研　析】

一旦證悟佛法實相，就會身貧道不貧。在佛教看來，佛性、涅槃之道，才是最珍貴、最無價的，因為它是無形的、無限的、永恆的。唯有與「道」同在、同遊的人，才能自由通達，清風自高，不被外物所縛。出家人，雖然常常身披縷褐，但是他們與「佛道」同行，心懷聖道，所以他們看似貧窮，實則擁有無價之寶。

七

無價珍，用無盡，利物應機❶終不恪❷。三身❸四智❹體中圓，八解❺六通心地印。上士❻一決一切了，中下❼多聞多不信。但自懷中解垢衣，誰能向外誇精進❽。

【注釋】

❶**利物應機**　利，指利益眾生。物，指一切眾生。機，根機、機緣，對佛法的接受能力。應機，指按照眾生不同的根機對其進行教化。

❷**恪**　同「吝」。原作「恪」，疑誤。

❸**三身**　指三種佛身，在漢譯文獻中，關於佛的「三身」有多種不同的說法，其中最流行的有兩種。其一，指以「法身」、「報身」、「應身」為三身；其二，以「法身」、「應身」、「化身」為三身。「法身」是佛所證的超越的真如理，遍滿整個法界。「報身」是以法身為因，經過修習而獲得佛果之身，報因行功德而顯佛之實智。「應身」是應眾生的根機或特殊情況而呈現的現實的身體。「化身」是隨所化的物類的不同而呈現不同的身體。

❹**四智**　指無漏的「四種智慧」，此即是：㈠「大圓鏡智」，這是照見法界的事理的智慧，由轉第

八識而得。㈡「平等性智」，這是對一切眾生起無緣大悲的智慧，由轉第七識而得。㈢「妙觀察智」，這是照見諸法的特殊的相狀的智慧，由轉第六識而得。㈣「成所作智」，這是成就世間種種事務的智慧，由轉前五識而得。

❺**八解**　「八解脫」之略稱，指捨棄色貪等心的八種定力，又稱「八背捨」。

❻**上士**　指自利、利他的菩薩。

❼**中下**　指中士和下士。中士指聲聞與緣覺二乘，只求自利而不想利他。下士指凡夫。

❽**精進**　又曰「勤」，精誠地不斷努力修行。為小乘七十五法中大善地法之一和大乘百法中善心所之一。

【語譯】

釋子所得的佛法這一無價之寶，永遠用不盡。並按照眾生不同的根機去教化利益眾生，毫不吝惜。圓滿具備佛的三身與四種智慧，八種禪定與六種神通就可以印證心地，自利利他的菩薩們一旦覺悟了，便會通曉一切。只求自利而不想利他人的二乘與凡夫俗子，雖然聞法挺多，但生性卻多疑，這些人解脫的方法就猶如從自己的懷中解去髒衣服，因而無法向別人說出內心中努力向善去惡的修行。

【研析】

大乘菩薩一心能圓三身四智，一心能證八解六通。佛教一般有聲聞乘、緣覺乘和菩薩乘之三乘的說法，菩薩乘（上士）不僅提倡「自利」，而且提倡「利他」，上求佛道，下化眾生。在修行實踐上，菩薩乘能攝種種方便法門，提倡一心圓證諸法，一決一切決，一了一切了，無滯無礙，當下頓悟成佛，解脫自在。

八

從他謗，任他非，把火燒天徒自疲。我聞恰似飲甘露，銷融頓入不思議❶。觀惡言，是功德，此即成吾善知識❷。不因訕謗起怨親，何表無生慈忍力？

【注釋】

❶不思議　即不可思議，指甚深之理或希奇之事在思慮與言議之外，非通常的邏輯思維所能把握。

❷善知識　「知」指知其心，「識」指識其形，「知識」指知其人心並把他當作朋友。「善」指對我有益，且引導我進入善道。《法華文句》卷四曰：「聞名為知，見形為識，是人益我菩提之道，名善知識。」

【語譯】

任別人去誹謗，任別人去非議，因為誹謗非議對我來說，如同用火燒天，徒勞無益，對我一點損傷也沒有。我聽到這些誹謗之言，反而像飲了甜甜的甘露，心中所有的疑惑頓時消除了，進入了不可思議的真如境地。聽到不正確的對自己不利的言論，而不起憤怒之心，也是一種功德，因這種功德，使那誹謗非議我的人也成了我的善知識。不因為別人對我的譏訕與誹謗，而對眾生產生怨恨，如果不這樣，又怎能表達無生與慈悲堅韌力？

【研　析】

慈忍能破他謗、他非。「忍辱」是佛教「六度」之一。一旦悟諸法實相，萬法性空，則無得失、喜憂、苦樂、欣厭之感，一切惡言誹謗本來性空，一切如如，哪有怨親可言！從佛法立場看，若能「慈忍」，則一切惡言、訕謗就是修道者成就無上正等菩提的資糧。

九

宗亦通，說亦通❶，定慧❷圓明不滯空。非但我今獨達了，恒沙❸諸佛體皆同。師子吼❹，無畏說，百獸聞之皆腦裂。香象❺奔波失卻威，天龍❻寂聽生欣悅。

【注　釋】

❶**宗亦通二句**　即宗通、說通，禪門自悟徹底是「宗通」，說法自在是「說通」。宗、說俱通為大宗師。

❷**定慧**　禪定與智慧。「定」指修行者思慮集中，滅除情欲煩惱。「慧」指用智慧斷除煩惱，獲得解脫。

❸**恒沙**　恒河沙之略稱，恒河的沙多不勝數，在此用來形容佛的數量極多之意。佛說法時，每以恒河之細沙喻極多之數。

❹**師子吼**　獅子乃獸中之王，若哮吼一聲，則百獸聞之而腦裂。佛教以此喻大乘菩薩所說圓頓法音。

❺**香象**　喻聲聞、緣覺二乘雖悟法空之理，但不能迴心向大，不明圓頓之知，不諦信大乘圓頓之

法。

❻**天龍**　諸天與龍神，為「八部眾」之二眾，八部中以此二眾為上首，故稱「天龍八部」。

【語　譯】

禪門的教義我精通，其他教派的教義我也精通。因圓滿地把握了禪定與智慧，所以能不滯於空。不僅僅是我個人今天通曉了佛理，如恒河沙那麼多的佛陀其體性都相同，他們也都悟透了佛理。佛的說法像獅子吼叫一樣，威猛有力，無所畏懼，各種野獸聽到後，腦袋都會裂開。比獅子還要龐大的大象聽到獅子大吼後，也聞聲奔逃，失去自己原有的威力，諸天與龍神靜靜地聽佛的說法，心中產生了無法言盡的欣悅。

【研　析】

大乘圓頓法門，如獅子吼。禪宗在修行上，特別提倡圓頓法門，強調自心自證自悟，這就是禪宗所謂的「宗通」。此法門如同獅子能震百獸一樣，能降服群魔外道。

十

遊江海，涉山川，尋師訪道為參禪。自從認得曹溪❶路，了知生死不相關。行亦禪，坐亦禪，語默動靜體安然。縱遇鋒刀常坦坦，假饒毒藥也閑閑❷。我師得見然燈佛❸，多劫曾為忍辱❹仙。

【注釋】

❶**曹溪** 位於廣東韶州府雙峰山下，西元六七七年，晉武侯曾孫曹叔良在此地建寶林寺。禪宗六祖慧能大師住此寺宣揚南宗禪，中國禪宗從此走向鼎盛，後慧能即以「曹溪」為別號。

❷**閑閑** 原作「間間」，疑誤。

❸**然燈佛** 於過去世出世的佛陀，曾預言釋迦菩薩將於未來成佛。

❹**忍辱** 忍耐侮辱與壓迫而無怨恨，是「六度」（六波羅蜜）之一。

【語譯】

在江海中暢遊，在山川之間跋涉，尋覓師友，探問佛道，一切都是為了參禪。自從結識了曹溪大師所倡導的頓悟禪法，就了解了生死與我並不相關。行走的時候在悟禪，靜坐的時候也是在悟禪，說話、沉默、活動、安靜之時，都能感覺到參禪所得的那種安閒。為了悟解禪機，即使是鋒刀架在脖子上，也不會畏懼，照樣坦然，就是喝毒藥，心中也感覺安閒。我的師尊，有緣見到燃燈佛，從那以後，很長時候，忍受侮辱與壓迫，可從不生憤恨，被稱作忍辱仙。

【研　析】

禪非坐臥。傳統禪法提倡「觀心」、「看淨」的坐禪的修行解脫方法，慧能之前的幾代祖師提倡的也主要是傳統的坐禪方法。如禪宗初祖菩提達摩提倡「壁觀」，四祖道信提倡「努力勤坐，坐為根本」，北宗神秀提倡「住心觀淨，長坐不臥」。六祖慧能徹底改變了傳統的坐禪方法，提出了「禪非坐臥」的新看法，認為「道由心悟，豈在坐耶？」「外離相即禪，內不亂即定，外禪內定，故名禪定。」在慧能南宗看來，「坐禪元不著心，亦不著淨」，真正的「禪定」，應是「無念」、「無相」、「無住」，行、住、坐、臥皆是禪，這也就是玄覺所說的「行亦禪，坐亦禪，語默動靜體安然」的思想。

十一

幾回生，幾回死，生死悠悠無定止。自從頓悟了無生❶，於諸榮辱何憂喜。入深山，住蘭若❷，岑崟幽邃長松下。優游靜坐野僧家，闃寂安居實瀟灑。

【注　釋】

❶無生　即「無生忍」，指涅槃之真理無任何生滅變化。在佛教看來，「無生」是諸法之「實相」，而生滅變化卻是虛妄。《大智度論》卷五〇云：「無生法忍者，於無生滅諸法實相中信受通達無礙不退，是名無生忍。」

❷蘭若　「阿蘭若」之略稱，意指閑靜之處，是僧人所居住的地方。不做眾事名「閑」，無憒鬧處名「靜」。

【語　譯】

多少回生，又多少回死！生死輪迴沒有定止。自從頓悟了無生法，對於世間榮辱就產生不了憂與喜。進入深山，居住於空靜閑淨之地，漫步與靜坐於那幽深的深山大川與參天的松柏之下，這裏才是雲遊僧人的家。在這樣空靜閑淨之地安居並談論佛道，是何等的瀟灑與安閑。

【研　析】

無生忍法能破生死、榮辱、憂喜等種種對立，而使人任意逍遙。一旦悟到諸法性空、無生滅變化的宇宙「實相」，則生死俱滅，榮辱兩忘，憂喜俱寂。達到如此境界，則三界無擾，六塵無染，隨緣放曠，優游自在。

十二

覺即了，不施功，一切有為法❶不同。住相❷布施❸生天❹福，猶如仰箭射虛空。勢力盡，箭還墜，招得來生不如意。爭似無為❺實相門❻，一超直入如來地❼。

【注　釋】

❶**有為法**　「為」指造作，有造作即「有為」。因緣所生之事物，皆「有為」，所生事物根據因緣之造作發生生滅變化，就是「有為法」。

❷**住相**　持續存在之相，「四相」之一，使法體於現在暫時安住，各行自果。即是心識所擬構的形式概念，用以了解客觀外物者，其自身在客觀方面並無對應物。

❸**布施**　梵語曰「檀那」，譯為布施，「六度」之一。指以福利施與他人，所施的東西雖然很多，但以財物為主，以便積累功德，達到解脫，從而得大富樂之果。

❹**生天**　這裏的「天」，指「六趣」中的「天趣」，「生天」指因修善業受人間以上勝妙果報而生於天上。

❺**無為**　與有為法相對，指本來自生而非因緣所作而生。

❻**實相門** 實相的法門，可以使人由之而契會最高真理。

❼**如來地** 如來的境地；佛的境界。《起信論》曰：「一切菩提，皆乘此法到如來地故。」

【語　譯】

修道重在覺悟，而不必強求有為的功德。一切因因緣之造作發生的生滅變化，各不相同。在短暫的生命歷程中，想通過布施而獲得生於天界的福報，就猶如用箭去射虛無的天空，徒勞無益。勢力用盡後，箭還會墜落到地上，由此而致的業果使得來生也不如意。應當努力去修行那不造作的實相法門，一旦頓悟了它，就會直接進入如來佛的境地。

【研　析】

禪宗「無為實相」法門不同於「有為法」。禪宗提倡「無為實相」法門，強調「無相」、「無住」，反對「著相」、「住相」的刻意修持，而是提倡隨緣自然、物我俱忘的無修之修。《金剛經》云：「菩薩不住相布施。」梁武帝造寺寫經，度僧無數，菩提達摩卻認為他並無功德，因為梁武帝滯於有為之功，住相布施，所求得的生天福報，享盡即無，還要墜落下來，「猶如仰箭射虛空」。真正的功德是「無為法」，體自空寂，淨智妙圓。六祖慧能評論說：「造寺、布施、供養，只是修福，不可將福以為功德。功德在法身，非在於福田。自法性有功德，平直是德。內見佛性，外行恭敬。」不悟諸法實相，沒有明心見性，哪有自性功德可言！

十三

但得本，莫愁末，如淨琉璃含寶月。既能解此如意珠，自利利他❶終不竭。江月照，松風吹，永夜清宵何所為？佛性❷戒珠❸心地❹印，霧露雲霞體上衣。

【注釋】

❶**自利利他** 使自己得到利益，也使他人得到利益，自求覺悟，也使他人求得覺悟，這是菩薩的實踐態度，是大乘佛教的基本精神。

❷**佛性** 成佛的可能性，大乘佛教都以佛性為成佛的根據，為眾生所共有。

❸**戒珠** 指戒律潔白，莊嚴人身，猶如珠玉。《梵網經》卷下曰：「戒如明日月，亦如瓔珞珠。」

❹**心地** 心為萬法之本，能生一切諸法，修行者須依心而進行。「三業」中心業最勝，故名「心地」。

【語譯】

只要掌握佛法的根本，而無須擔心那細枝末節。如來的佛性就像那純淨的琉璃，含著一輪寶月。如果能得到這樣的如意珠，無論是用來利益自己還是利益他人，永遠不會枯竭。明月照江水，風吹松林，在這漫漫長夜、萬籟寂靜的良辰美景中，應做些什麼呢？佛性和戒律的珠光將印證我的本心，霧露雲霞織成的衣裳可以遮掩我的身體。

【研　析】

心為萬法之本，明心才能見悟佛性。心生種種法生，根本既明，枝葉自然繁茂。自心本來清淨，即心即佛。心如虛空，能含萬法。若能了悟自心俱足一切萬法，則當下於自心頓現真如本性，識心見性，自成佛道。慧能說：「故知一切萬法盡在自身中，何不從於自心頓現真如本性。」一旦頓悟自心俱足萬法的本來面目，則進入了萬法與我同體、天地與我同根的不可思議的境界。

十四

降龍鉢❶，解虎錫❷，兩鈷金環鳴歷歷❸。不是標形虛事持，如來寶杖親蹤跡。不求真，不斷妄，了知二法空無相❹。無相無空無不空，即是如來真實相。

【注　釋】

❶**降龍鉢**　降伏龍而入於鉢中。降伏法是密教的修行法，目的在於抑制和鎮服惡魔、外道、怨敵。

❷**解虎錫**　傳說高齊僧稠禪師曾以錫杖解圍兩虎的衝突。《續高僧傳》卷一六〈僧稠傳〉載：「（僧稠）後詣懷州西王屋山，修習前法，聞兩虎交鬥咆響震岩，乃以錫杖中解，各散而去。」

❸**兩鈷金環鳴歷歷**　錫杖上懸掛有金屬所造的兩鈷環，表真、俗二諦，每股又有三環，共六環，表「六度」。鳴歷歷，因為杖上有金環，故會發出聲音。在此用來表示正法得到宣揚，邪法得以隱蔽。

❹**無相**　不具有相對的形相，因超越相對相、差別相而得到的真如實相。《大乘義章》卷二曰：「言無相者，釋有兩義，一就理彰名，理絕眾相，故曰無相。二是就涅槃法相釋，涅槃之法離十相，故曰無相。」

【語　譯】

佛鉢曾裝有降伏的毒龍，錫杖曾解開兩虎的衝突，錫杖上的金環金光閃閃，鏗然作響，所發出的聲音清清楚楚。並不是為了標新立異，也不是空有其事，如來佛的寶杖有其真實的蹤跡。不人為地去求真，也不刻意去除妄，了解了這兩種法門，才不會執著於名相，不執著於名相，才知沒有「空」與「有」的差別。這才是如來的真實相狀。

【研　析】

如來實相是有無雙遣、真妄不立的無相之相。按照大乘佛法，真、妄二法，本是假名，自性本空。《金剛經》云：「實相者即是非相，是故如來說名實相。」「實相」是無相之相，若執「實相」是「空」，則停滯在空無相中，成了佛法所批評的斷滅見。所以如來實相即是「無相無空無不空」，非有非無，非真非妄。

十五

心鏡明，鑑無礙，廓然瑩徹周沙界❶。萬象森羅影現中，一顆圓光非內外。豁達空，撥因果❷，莽莽蕩蕩招殃禍。棄有著空❸病亦然，還如避溺而投火。

【注釋】

❶**沙界**　如恒河沙一樣多的世界，數不盡的世界。

❷**因果**　㈠原因與結果，能使某些東西生起的，是因；被生起的東西，是果。㈡因果法則，或因果的道理。有原因必有結果，有結果必有原因，這就是因果之理，一切事象都依因果法則而生滅變化。

❸**有著空**　現象界的東西，就其表現的具體相狀而言是「有」；但就其本質、本性而言卻是「空」。現象界的東西是依因緣而成，在時空中有其持續性與影響力，就這持續性與影響力而言，是「有」；但由於是依因緣和合而成，故無獨立的自體，因而是「空」。

【語譯】

像鏡子一樣明亮的心能照鑑萬物，沒有障礙。而無邊無際的心能包含恒河沙數那麼多的世界，世間森然羅列的萬象也都是心的顯現。心這顆亮光照遍一切，使物我一體，不分內外。突然理解了世間萬象其實都是「空」，但卻不承認因果關係的存在，苦海無邊，最終還是會招來禍害，捨棄「有」而又執著於「空」，同樣是不對的，就猶如避免了溺水而又不幸掉入了火中。

【研析】

佛法言「空」，不排因果法則。佛教雖然主張一切皆空，如《金剛經》所云：「凡所有相，皆是虛妄。」但是，「性空」並不否定「假有」，若是「棄有著空」，否定現象的存在，否定佛法因果原理，就必然遭到因果報應，妄遭殃禍。

十六

捨妄心❶，取真理❷，取捨之心成巧偽。學人不了用修行，深成認賊將為子。損法財❸，滅功德❹，莫不由斯心意識。是以禪門了卻心，頓入無生知見❺力。

【注　釋】

❶**妄心**　是指眾生對境起分別之心。《起信論》曰：「一切眾生，以有妄心，念念分別。」

❷**真理**　即真如、真際、實相的意思。

❸**法財**　指佛法如財富一樣能利潤眾生。

❹**功德**　功是功能，福利的功能；德是善德，福利功能可助長善德。一般而言，功德是具體的實際的，指與佛法相應的善事，特別指能產生實際效果的善事。但是慧能禪宗偏重「自性功德」的思想。

❺**知見**　以意識為「知」，以眼識為「見」。這裏是指佛的智慧，覺悟的智慧。

【語 譯】

本想捨棄虛妄的心而去求取真理，卻不知這一取一捨，已弄巧成拙。習佛的人不了解這原委而刻意去修行，以求捨棄妄心而求真理，這種愚笨的行為倒像認賊為子，減損了佛法的財富，也滅了往日的功德。人生的種種不幸都主要是由於妄心所致，因而必須了解禪宗的全部修行，才能擺脫這妄心，頓時進入佛所說的無生無滅的境地，最終獲得佛的智慧。

【研 析】

取捨之心是妄心。佛教特別是慧能禪宗，在修心中反對捨妄取真、捨染取淨。只有自心超越真妄、染淨之種種對立和差別，才能明心見性，自由自在。真正的「清淨心」不是與妄對立的「真心」，而是「應無所住而生其心」的「心」。《金剛經》云：「諸菩薩摩訶薩應如是生清淨心——不應住聲、香、味、觸、法生心，應無所住而生其心。」慧能批評傳統「觀心」、「看淨」的坐禪方法時說：「不見自性本淨，起心看淨，卻生淨妄……看心看淨，卻是障道因緣。」在慧能看來，「住心看淨，是病非禪。」因為住心、看淨之心，是取捨之心，是虛妄之心。

十七

大丈夫❶，秉慧劍，般若❷鋒兮金剛❸焰。非但空摧外道❹心，早曾落卻天魔❺膽。震法雷，擊法鼓❻，布慈雲兮灑甘露。龍象❼蹴踏潤無邊，三乘❽五性❾皆醒悟。

【注釋】

❶**大丈夫** 指識自本心，見自本性，勇猛無畏，具有無上智慧的修道之人。

❷**般若** 梵語Prajñâ的音譯，又曰班若、波若、鉢若、般羅若、鉢剌若、般賴若、波賴若、鉢賢禳、波羅娘。意譯為慧、智慧、明，為「六度」之一。般若全稱為「般若波羅蜜多」，「波羅蜜」譯為「度」或「到彼岸」。照了實相之般若智慧，是度生死此岸而至涅槃彼岸之法門，故謂之波羅蜜。佛教認為，般若智慧不同於世間的俗智，它能超越世俗認識，把握事物的本來面目。

❸**金剛** 梵語縛曰羅，一作跋折羅，譯言金剛。金中之精者。佛教用它來比喻牢固、銳不可摧且能摧破一切。

❹**外道** 指佛教以外的其他哲學、宗教派別。

❺**天魔** 天子魔之略稱，四魔之一，第六天（即他化自在天）之魔王。其名云「波旬」，有無量之

眷屬，常破壞釋迦佛的傳法活動。若人勤修勝善，欲超越三界生死，而此「天魔」為作障礙，發起種種擾亂之事，令修行人不得成就出世善根，故名「天魔」。

❻**震法雷二句** 譬喻佛說法像獅子吼，如雲雷音一樣，眾生在迷茫中聽到雲雷音，便知反迷歸覺，捨邪歸正。

❼**龍象** 音譯為「那伽」，譯曰龍或象。在諸阿羅漢中，修行勇猛、有最大力者，佛氏稱喻為「龍象」。這是因為，在水裏行進，龍的力量最大，而在陸上行走，象的力量最強。《大智度論》卷三曰：「那伽，或名龍，或名象。是五千阿羅漢，諸阿羅漢中最大力，以是故言如龍如象。水行中龍力大，陸行中象力大。」具體是指修行很勇猛精進而且具有大力的人，今作為出家人的尊稱。

❽**三乘** 乘人而使各到其果地之教法，名為乘。「三乘」一般指聲聞、緣覺、菩薩三乘。聲聞乘：又云小乘，速則三生，遲則六十劫間修空法，終於現世聞如來之聲教而悟四諦之理，以證阿羅漢者。緣覺乘：又云中乘、辟支佛乘，速則四生，遲則百劫間修空法，於其最後之生不依如來之聲教而自覺十二因緣之理，以證辟支佛果者。菩薩乘：又云大乘，無數劫間修六度之行，更於百劫間植三十二相福因，以證無上菩提者。

❾**五性** 亦稱「五姓」或「五種姓」等。法相宗所立，其將一切眾生之機類，分為「五性」而定成佛不成佛：一、定性聲聞，有可開阿羅漢果之無漏種子者。二、定性緣覺，有可開辟支佛果之無漏種子者。三、定性菩薩，有可開佛果之無漏種子者。四、不定性，有兼有二種、三種之無漏種子者，則將來所證之位，遇緣成熟，並不一定證何種果者，名不定性。五、無性，無以

上三乘之無漏種子，但有可開人天果之有漏種子者。此「五性」是眾生先天具有的五種本性。

【語　譯】

識得自性、勇猛無畏的大丈夫，秉持著以般若智為鋒，以金剛焰為芒的破邪顯正的智慧之劍，不但能夠摧毀正法之外的邪魔外道，並且早早地讓障礙佛道的天魔也聞之喪膽。擊起那正法的雷，擂起那正法的鼓，分布開慈悲的法雲，灑下清涼的佛法甘露，令一切眾生都得到法音法雨的潤澤，有如龍象一般的威猛無邊，澤被萬物。無論是三乘之人還是五性之人，盡皆醒悟，無有遺漏。

【研　析】

大乘般若如同利劍，能摧毀一切外魔邪道，使一切眾生皆能開悟。大乘佛教往往喻般若為慧劍，空一切諸有，去五陰生死惡魔。大乘佛法威猛無邊，法力無窮，不僅自利而且利他，普渡一切眾生脫離生死煩惱而證得無上菩提。

十八

雪山❶肥膩更無雜，純出醍醐❷我常納。一性圓通一切性❸，一法遍含一切法❹。一月普現一切水，一切水月一月攝❺。諸佛法身❻入我性，我性同共如來❼合。

【注釋】

❶**雪山**　指喜馬拉雅山。印度之北境的高聳大山，千古頂雪，故云雪山，又譯曰雪藏。《涅槃經》卷二七曰：「雪山有草，名為忍辱。牛若食者，則出醍醐。」這裏指純粹的真如實相。

❷**醍醐**　（飲食）五味之一，製自牛乳，是經過多次製煉的乳酪，味中第一，藥中第一，可作藥用醫眾病。《涅槃經》卷三曰：「醍醐者名世間第一上味。」又曰：「諸藥中醍醐第一，善治眾生熱惱亂心。」這裏把它比喻為佛性。

❸**一性圓通一切性**　「一性」，即佛性。眾生順「性」而修，則能超脫生死，悟入涅槃，與佛所證無二無別。「一切性」，則是眾生性。佛性和眾生性本無分別，佛性即是眾生性，眾生性即是佛性。圓通，就是圓融無礙。在佛一性不增；在凡亦一性不減，它的本性無欠無餘，不多一點，也不少一點，所以圓通一切性。

❹**一法遍含一切法**　一切法又名一切萬法，一切諸法。佛說的法門有八萬四千種，每一個法門都和其他八萬三千九百九十九法門相通含融。說是八萬四千種，歸根究底就是一個法，所以一法遍含一切法。

❺**一月普現一切水二句**　「一月普現一切水」用來比喻明月在天，凡有水的地方皆有月影，正如「千潭有水千潭月」，有一千個水池，就有一千個月光現出來。「一切水月一月攝」用來指千江千潭的月，皆是天空裏的一輪圓月在那兒照著，攝持著。這也就是一性圓通一切性。一輪月光喻真如佛性，它普現一切水，一切水喻眾生性，眾生性不離佛性，佛性不離眾生性。人覺悟了就是佛，迷了就是眾生。

❻**法身**　又稱為法佛、理佛、法身佛、自性身、法性身、如如佛、第一身。即諸佛所證的真如法性之身。謂如來法性真常，湛然清淨，周遍法界。

❼**如來**　佛的十號之一。如者真如也，乘真如之道而成正覺之故，名為如來。

【**語　譯**】

白雪皚皚的喜馬拉雅山生長一種名叫肥膩的植物，因此此地出產的醍醐純淨無雜，是味中之味，我經常飲用它。佛性與眾生性是無有分別，圓融無礙的；而一切諸法又包含於一法之中。譬如那一輪明月，皓然在天，凡有水的地方皆有月影，而那千江千潭的水中所有的月，皆是天空裏的那一輪圓月在那兒照著，攝持著。眾生即自性，自性即法身，眾佛的法身，包含在我的本性之中，而我的自性，則和諸佛的佛性相同。

【研析】

自性含萬法，自性即佛性。禪宗慧能認為「世人性本淨，萬法在自性。」只是眾生愚痴，不明「一切法在自性，名為清淨法身」（《壇經》）。佛性與眾生性，性性相通。自性與諸佛性，性性相合。所以說「一性圓通一切性」，「我性同共如來合」。

十九

一地❶具足一切地，非色❷非心非行業❸。彈指圓成八萬門❹，剎那滅卻三祇劫❺。一切數句❻非數句，與吾靈覺❼何交涉？

【注　釋】

❶**一地**　一地者，一實相地也。地有能生之義，一切草木種子皆依於地而得生長，佛教以地喻眾生之佛性。一切之草木種子皆依地而生，一切之善根功德皆依一佛性而生。

❷**色**　指一切有形象和占有空間的物質。色可分為內色、外色、顯色、表色、形色五種。「內色」是指眼、耳、鼻、舌、身之五根，因屬於內身，故名「內色」。「外色」是指色、聲、香、味、觸之五境，因屬於外境，故名「外色」。「顯色」是指我們常見的各種顏色，如青、黃、赤、白等。「表色」是指有情眾生色身的各種動作，如取、捨、伸、屈等之表相。「形色」是指物體的形狀，如長、短、方、圓等。

❸**行業**　即身、口、意之所作所為。

❹**八萬門**　指八萬種修行的法門。門，指修行的法門，具有差別與趣入之兩義。於法有種種之差別，能使人趣入涅槃，故名「法門」。

❺**三祇劫** 「三大阿僧祇劫」的簡稱，是菩薩修行成佛的年數。劫，梵語Kalpa，「劫簸」的簡稱，譯為時分或大時，即通常年月日所不能計算的極長時間。「三祇劫」即指三阿僧祇劫的時間，比喻時間極長。

❻**數句** 數，智之異名。句，詮事物之理義。

❼**靈覺** 謂眾生本具靈明覺悟之性。

【語 譯】

一切之善根功德皆依一佛性而生，你若明白此一地的道理，其餘的一切地都包含其中。這既不屬於物質，也不屬於意識，也不屬於我們所做的身、口、意三業。一旦頓悟了佛性，彈指之間，八萬修行法門便已圓通，剎那之間，就會超越無數無量劫的輪迴。我既已明心見性，這所有一切的名相文字等，與我的靈明覺性又有什麼關係？

【研 析】

頓悟成佛，無須累劫修行。慧能提倡頓悟頓修，他說：「自性頓修，亦無漸契」，「迷者經累劫，悟者剎那間。」對於上根利智者而言，一了一切了，一明一切明，無須累劫修行，無須煩瑣次第。一燈能照千年暗，一智慧能滅萬年愚。

二十

不可毀❶，不可讚，體❷若虛空❸勿涯岸。不離當處常湛然，覓即知君不可見。取不得，捨不得，不可得中只麼得。

【注釋】

❶**毀** 毀者，毀謗也。因厭惡或懷恨而暗地裏說他人壞話。

❷**體** 一切事物的本體，與「界」、「性」等同義。物之一定不變而為差別支分之所依根本者，謂之「體」，對此而名能依之差別為「相」。這裏是指性體、佛性。

❸**虛空** 虛與空者，「無」之別稱。虛無形質，空無障礙，故名「虛空」。此虛空有「體」、有「相」，「體」者平等周遍，「相」者隨於他之物質而彼此別異。

【語譯】

對佛性詆毀或者讚歎皆不可及，它湛寂圓滿，無量無限，無有涯岸，而又涵攝一切。它就在每個人的當下之處，清澈湛然，一塵不染，無須另外找尋。如果你刻意去尋求，反而杳然而不得見。不可以人為地尋求，也不可以人為地捨棄。於是，在這個不可得當中，什麼也沒有得到。

【研 析】

開悟達道之人，心若虛空，大包無外，細入無內，非世間毀譽所能動搖它。在禪宗看來，自心本來就是佛性，本來無一物，何處惹塵埃！自心湛然常寂，無論擬心覓取它，還是執心丟棄它，都無濟於事。

二十一

默時說❶，說時默❷，大施門開無壅塞。有人問我解何宗？報道摩訶般若❸力。或是或非人不識，逆行順行天莫測。吾早曾經多劫修，不是等閑相誑惑。

【注釋】

❶默時說　此乃祖師禪接引學人入道頓悟之一種法門。默時說者，於無諍三昧中，舉一物以表示佛性，如拈花、擎拳、豎指、張弓、吹毛、揮棒、擊竹。

❷說時默　此亦祖師禪法門之一，即在問東問西、詬罵噓喝中而入無諍三昧。

❸摩訶般若　「摩訶」譯曰大、多、勝。般若，即智慧。摩訶般若，譯曰大慧、大智慧。此為「涅槃三德」之一。

【語譯】

你看他沒有說法，可是他在那兒說，既言又無言；你看他在說法，可是他卻是沉默的，以有言顯無言。從而法門大開，廣施甘露，普渡眾生。有人曾經問我：「你尊的是哪一派，哪一宗呢？」我告訴他們說：「只是來自照了一切的最根本的智慧——大般若的解脫力。」傳道的法門，有時言是，有時言非，或者逆行，或者順行，超出常情，變化不經，他人並不知道我心中的真意，諸天亦是罔測。我曾經也經過了長時間的修行才生此頓悟之果，所以也不是隨隨便便地以不實之言相欺騙。

【研析】

禪宗以般若思想為標幟，不落有、無等一切對立。般若思想是慧能禪宗一個重要理論基礎，慧能提出的「禪非坐臥」、「不假文字」、「頓悟」等禪法思想都是以大乘般若思想為理論基礎。慧能說：「摩訶般若波羅蜜，最尊、最上、第一。」般若思想要破有無、是非等一切對立，無執無著，不落兩邊。如宣揚大乘般若思想的《金剛經》云：「如來所說法皆不可取、不可說，非法非非法。」「若人言如來有所說法，即為謗佛，不能解我所說故。須菩提，說法者無法可說，是名說法。」禪宗強調一切說法，只是方便，不能執方便為究竟。一旦頓悟般若實相，無論直說還是曲說，無論順行還是逆行，都是方便，因為凡一切相皆是虛妄。

二十二

建法幢❶，立宗旨，明明佛敕曹溪是❷。第一迦葉❸首傳燈，二十八代❹西天記。法東流，入此土❺，菩提達磨❻為初祖。六代傳衣❼天下聞，後人得道何窮數。

【注釋】

❶**法幢**　幢，梵名馱縛若Dhvaja，譯曰「幢」。為竿柱高出，以種種之絲帛莊嚴，藉表麾群生，制魔眾，而於佛前建之。妙法高聳，如幢之上出，故曰「法幢」。

❷**明明佛敕曹溪是**　此是說六祖慧能大師不是偶然地成為祖師的，在梁朝智藥三藏法師從印度來到廣州就曾有預言：「一百七十五年後，有肉身菩薩，在此菩提樹下，開演上乘佛法，直指心地，見性法門，而成就佛道。」南華寺是由智藥法師開山，他到該地時，用手捧起山溪的水喝，說道：「這水和印度寶林山的水是一樣的味道。」一百七十年之後，果然六祖大師在那裏大傳法要，令一般有志於菩提覺悟的人，證果開悟。因此說「明明佛敕曹溪是」。

❸**迦葉**　人名，又作迦攝、迦葉波、迦攝波，全稱「摩訶迦葉」、「大迦葉」。據佛經記載，他是古印度摩揭陀國王舍城人，屬婆羅門種姓，為釋迦牟尼佛「十大弟子」之一，以頭陀第一著稱。

身有金光，映蔽餘光使不現，故亦名「飲光」。傳說世尊在靈山會上，拈花示眾，大家都不能領會聖意，惟獨迦葉，心領神會，破顏微笑，從而得以受佛正法眼藏，傳佛心印，被立為禪宗初祖。

❹**二十八代** 指從佛拈花微笑、以心印心始，這個不立文字、教外別傳的法門，代代相傳，傳到菩提達摩，他成為印度的第二十八代祖師，後被尊為中國禪宗初祖。

❺**此土** 即東土中國。

❻**菩提達磨** 「磨」，或寫作「摩」。南朝宋末，他渡海至廣州，後至北魏，在洛陽、嵩山等地傳播禪學，後收神光（慧可）為徒弟，傳《楞伽經》四卷。他被稱為「西天」即天竺禪宗第二十八代祖師，同時又是東土禪宗的初祖。

❼**六代傳衣** 禪宗初祖即菩提達摩大師，他把心印法門傳給二祖慧可，二祖傳給三祖僧璨，三祖傳給四祖道信，四祖傳給五祖弘忍，而五祖弘忍把這種心印法門的衣鉢傳給六祖慧能，自慧能後只傳其道，不傳其衣。至此，菩提達摩——慧可——僧璨——道信——弘忍——慧能，形成所謂「六代傳衣」。

【語　譯】

豎起最上乘之法幢，建立成佛之宗旨。這分明就是自達摩祖師西來，以衣鉢為信，單傳心印，今在曹溪的六祖慧能大師所開之法門，此法統惟曹溪為正。禪宗的第一代傳人，為佛之弟子迦葉祖師，其後，至迦葉傳到達摩祖師，二十八代源源不斷，這是在天竺國的佛書上有明確記載的。佛法自天竺國向東流傳，進入中原東土地區，第二十八代菩提達摩，被尊為中國禪宗的初祖。接著，禪宗六代衣鉢相傳，天下無人不曉。因之得道之人，簡直不勝窮數。

【研 析】

禪宗傳承法系源遠流長，慧能禪法是正宗。據禪宗自家說法，禪宗初祖是摩訶迦葉，在西土傳承共有二十八代。第二十八代的菩提達摩既是西土的第二十八祖，也是東土中國禪宗的初祖。自達摩起，出現了慧可、僧璨、道信、弘忍五代正法相傳。至於「六祖」是誰，禪宗歷史上出現了北宗神秀和南宗慧能的法統之爭。因為南宗慧能一系發展迅速，影響最大，後來的禪宗典籍一般以慧能為中國禪宗「六祖」。慧能對菩提達摩至五祖弘忍一系的禪法思想進行了一系列的改造，完全擺脫了充滿印度色彩的傳統禪法體系，史稱「六祖革命」。在繼承慧能禪法的玄覺看來，慧能禪法是佛法的正宗，直接繼承了禪宗的法統，這就是「明明佛敕曹溪是」。

二十三

真不立，妄本空，有無❶俱遣不空空❷。二十空❸門元不著，一性如來體自同。心是根❹，法是塵❺，兩種猶如鏡上痕。痕垢盡除光始現，心法雙忘性即真。

【注　釋】

❶**有無**　也作「有空」，從諸法為因緣所生的存在這個角度來講是「有」，從因緣而生故無自性這個角度來講是「無」。佛法中，有、無二者有兩層含義：一，有法與無法。如小乘之七十五法、大乘之百法是「有法」。如龜毛兔角，是「無法」。二，「有」者表「常」見，即執有我有法之邪見。「無」者表「斷見」，即執無我無法之邪見。

❷**空空**　「十八空」之一。以「空」破諸煩惱病，恐執「空」為病，所以「空」亦「空」，故名「空空」。《大智度論》卷四六曰：「何等為空空？一切法空，是空亦空，是名空空。」

❸**二十空**　表示諸法皆空之理的二十個名目。即「內空」、「外空」、「內外空」、「空空」、「大空」、「小空」、「勝義空」、「有為空」、「無為空」、「畢竟空」、「無際空」、「散空」、「無變異空」、「本性空」、「自相空」、「共相空」、「一切法空」、「不可得空」、「無性空」、「自性空」。

❹**根** 謂能生之義，增上之義。草木之根，有增上之力，能生幹枝，因而眼之眼根，有強力，能生眼識，則名為「眼根」。信有生他善法之力，則名為「信根」。又人性有生善惡作業之力，則名為「根性」。《大乘義章》卷四曰：「能生名根」。

❺**塵** 即垢染之義，謂染汙真性的一切世間之事法。有四塵、五塵、六塵等說法。

【語　譯】

真理原本就是如此，其誰可立？誰又能立？既是虛妄，當體是空。有、無是應當揚棄的偏見和執著，見性之人，唯見佛性不二，空亦是空。二十空門本為修行之諸法門，然而，只要具足如來藏性，自然同佛的性體相同。一旦過於執著，妄心就好比是諸法的根，而損害真性的灰塵也就產生。此兩者，好比是明鏡（真心）上留下的塵垢，惟有完全擦去上面的塵垢，明鏡（真心）的光輝才能顯現。既不執著心的根，也不執著法的塵，這才是真正的佛性。

【研　析】

有無俱遣顯真性，一切皆空空亦空。如來佛性圓明湛寂，只因妄念而起種種生滅變化。如來為破種種生滅執見，而立「空」名，主張一切皆空，恐執「空」為病，所以又說「空空」。心、法皆是因緣而有、對立而在，若心、法俱空，就會了悟自己的本來面目。這就是「心法雙忘性即真」。

二十四

嗟末法❶，惡時世❷，眾生福薄難調製。去聖遠兮邪見深，魔強法弱多恐❸害。聞說如來頓教❹門，恨不滅除令瓦碎。作❺在心，殃❻在身，不須怨訴更尤人。欲得不招無間業❼，莫謗如來正法輪❽。

【注釋】

❶**末法** 「正、像、末」三時之一。佛法分三個時期，即正法時期、像法時期、末法時期。正法時期五百年(一說一千年)，像法時期一千年，末法時期一萬年。現正為末法時期，謂如來滅後，教法垂世，人雖有稟教，而不能修行、證果，從而佛法進入了微末，故名「末法」。

❷**時世** 指當下之世，時人根器日下，不能自發佛性，一意向外馳求，捨本逐末，形成末法衰相。

❸**恐** 作「怨」講。

❹**頓教** 即頓成之教。凡歷劫修行，才出生死之法，名為「漸教」。無需累劫修行，當下頓悟佛果之法，名為「頓教」。

❺**作** 造業之意。

❻**殃** 因造業而受之果報。

❼**無間業** 指受苦永無間斷的五種大惡業，此五種惡業決定受極苦之果，更無餘業、餘果之間隔，故名「無間業」。

❽**正法輪** 通常用來比喻佛的說教，亦稱「法輪」。一指佛的說教如同輪王的輪寶能摧碾山岳岩石一樣摧破眾生之惡。一指佛的說教不停滯於一人一處，而是輾轉相傳，如車輪之常轉。

【語　譯】

可歎末法時代已經來臨，已經進入捨本逐末的罪惡之世，眾生不聞正法、靈氣汩沒、五陰炙勝、德薄垢重，實在難以調製。為什麼會這樣？因為正法衰微，去佛已久，邪知邪見太深。現正是魔強法弱的時候，眾人溺於邪見，聞說大乘頓悟法門，非但不肯捨暗投明，棄邪歸正，反而怨恨、破壞，恨不得連根拔除而後快。心裏造業，其身必然遭受果報，用不著喊冤訴苦，抱怨別人，要想不招致無間地獄的業報，還是不要誹謗、阻撓如來正法的運轉。

【研　析】

末法時代，去聖久遠，眾生福薄，不務道德，不信如來正法，造種種惡業而遭種種苦報，真是自作自受。要想不招無間業報、超出三界輪迴，就應信仰如來頓教法門，莫謗如來正法輪。

二十五

栴檀林❶，無雜樹❷，鬱密森沉師子住❸。境靜林間獨自遊，走獸飛禽皆遠去。師子兒❹，眾隨後，三歲❺便能大哮吼❻。若是野干❼逐法王❽，百年妖怪虛開口。

【注　釋】

❶**栴檀林**　栴檀，又稱為「栴檀娜」，香木名，意譯為「與樂」，出自南印度摩羅耶山，因其山形似牛頭，故名「牛頭栴檀」。《慧苑音義》說：「栴檀，此云與樂，謂白檀能治熱病，赤檀能去風腫，皆是除疾身安之藥，故名與樂。」栴檀林，譬喻大乘道場、一真妙境。

❷**無雜樹**　沒有其他的樹，譬喻無小根劣器之輩。

❸**師子住**　比喻佛性之境，惟有大乘菩薩所住，其餘人天小機，皆不能知無上般若，是以難入。師子，又作獅子，又曰僧伽彼，為獸中之王。佛經常以獅子譬佛之勇猛。

❹**師子兒**　喻菩薩初發心時，即成等正覺。

❺**三歲**　譬喻見性之人。獅子雖然年幼，然三歲便能即表見性，作獅子吼，震懾群獸，彰顯獸中之王的本性。

❻**大哮吼** 即「獅子吼」。佛在大眾之中演說佛法，心中毫無怖畏，謂為獅子吼。《維摩經・佛國品》曰：「演法無畏，猶如師子吼。」

❼**野干** 動物，為狐的一種。據《法苑珠林》卷五四記載，昔有一人在山中誦剎利書，有一野狐住其傍，專心聽誦書，有所解。說：「我解此書，足為諸獸中之王矣。」於是遊行而遇瘦狐，威嚇之使之服從，展轉伏一切之狐，伏一切之象，伏一切之虎，伏一切之獅子，遂得為獸中之王。乃作此念：「我今為獸中之王，應得王女而婚。」乘白象，率群獸，圍迦夷城。城中智臣告訴國王：「王與獸期戰日，且索彼一願，願使獅子先戰後吼，彼必謂我畏獅子，使獅子先吼後戰。」野狐果使獅子先吼，野狐聞之心破，由象上墜地死。於是群獸一時散走。

❽**法王** 佛於法自在，稱曰「法王」。《法華經・譬喻品》曰：「我為法王，於法自在。」

【語 譯】

一片美麗的栴檀林中，無有一株雜樹。這片鬱密安靜的森林，是獸王獅子的住所。獅子在寂靜的栴檀林裏常常各處悠閒的走來走去。牠所到之處，其他各種不同的走獸飛禽都畏其威而遠去。小獅子十分勇猛，百獸被牠的威風所懾，盡皆緊隨其後。三歲之時，便能大聲吼哮，震懾群獸，彰顯本性。貪婪狡詐的野狐狸，想要驅逐獅王，固然自不量力，縱是那些百年的老妖怪，還是免開尊口的好。

【研析】

大乘菩薩法門如同獅子吼。佛教中一般有聲聞乘、緣覺乘和菩薩乘之「三乘」的說法，在菩薩乘看來，聲聞、緣覺是小乘，無法跟大乘菩薩法門相比。獅子兒三歲便能大吼，威震百獸，比喻大乘菩薩初發心便成正覺，非聲聞、緣覺小乘所能比擬。

二十六

圓頓教❶，勿人情，有疑不決直須爭。不是山僧逞人我，修行恐落斷常❷坑。非不非，是不是，差之毫釐失千里。是則龍女❸頓成佛，非則善星❹生陷墜。

【注　釋】

❶**圓頓教**　簡稱圓教，為圓教之具體名目，是天台宗之教法。若悟圓教之理，能頓入佛位，頓足佛法，故名「圓頓」。根據天台宗的判教理論，《華嚴經》係化儀之頓教、化法之圓教。

❷**斷常**　「五惡見」中之第二見，分為「斷見」和「常見」二種：「斷見」，固執於人之身心斷滅、不續生之妄見，即「無見」；「常見」，固執於人之身心皆常住、無間斷之妄見，即「有見」。

❸**龍女**　娑竭羅龍王之女，八歲時具有超人的智慧，因文殊菩薩的教化而悟諸法實相，前往釋迦牟尼佛前，變成男子身，於南方無垢世界而成佛。

❹**善星**　傳說是佛為太子時之子。他出家讀誦十二部經，能斷欲界之煩惱，發得第四禪定，謂為真涅槃。然而他近惡友退失所得之解脫，以為無涅槃之法，宣說無因果之法，且向佛起惡心，結果墮無間地獄，因而稱之為「闡提比丘」或「四禪比丘」。闡提者，「一闡提」之略，是「不

信」之義、「不成佛」之義。

【語　譯】

圓頓覺悟的向上法門，是惟求徹底證悟，不講人情的。有什麼懷疑、不清楚的地方，也應該徹底辯個明白。這並不是我這位山僧逞強好勝，而是深恐修行之人落於斷見與常見的深坑，背離中道，求解愈縛。按照正確的佛道修行和背離正確的佛道修行，毫釐之差，往往帶來截然不同的果報。龍女遵循了正確的修行之道，頓悟成佛，成等正覺；而佛之子善星，卻因為妄加揣度佛經，謗法惡佛，而墮惡道。

【研　析】

明佛法是、非之相，勿落斷、常二見。禪宗提倡明心見性，頓悟成佛，此圓頓法門非世俗常情所能明白。修行者若不明是非之相、不信頓悟成佛之理，其帶來的結果截然相反，或像龍女一樣，明心見性頓成佛，或像善星一樣，生身陷溺地獄。

二十七

吾早年來積學問，亦曾討疏尋經論。分別名相❶不知休，入海算沙徒自困。卻被如來苦訶責，數他珍寶有何益？從來蹭蹬覺虛行，多年枉作風塵客❷。

【注　釋】

❶**名相**　術語，「五法」之一。一切事物，有名有相，耳可聞，謂之「名」，眼可見，謂之「相」，皆是虛假，而非契於法之「實性」。凡夫常分別此虛假之名相，而起種種妄惑。這裏指佛教的名詞、術語。

❷**風塵客**　原指於世俗名利場中、終日追逐奔波之人。這裏指終日執著於分別名相，無法體悟自性的修道者。

【語　譯】

我早年曾專注於累積學問，研讀經典、注疏文字、搜尋佛經及那些關於研經的心得之論，執著於辨別佛教專用名詞和術語，不知道休歇、停止。這就如同進入大海之中數沙，自招疲儂，作繭自縛，愚痴至極。這種愚蠢的做法，已經被如來嚴加叱呵。這就如同數他人家珍，又有什麼用處？因此，我覺察到自己以前的修持，都是蹉跎歲月，毫無意義。以致多少年來，皆屬虛行，只是在風塵俗世中打滾、搖擺的過客而已。

【研　析】

頓悟成佛，非關文字。禪宗主張明心見性、不立文字和教外別傳。禪宗初祖菩提達摩說：「我法以心傳心，不立文字」。二祖慧可說「學人以文字語言為道者，如風中燈，不能破暗，焰焰謝滅。」四祖道信要求「修道得真空者」，「決須斷絕文字語言」。六祖慧能說：「諸佛妙理，非關文字」。在禪宗看來，文字經教與自性、佛性無關。因為一切法盡在自性，「本性自有般若之智，自用智慧觀照，不假文字。」（《壇經》）討論經疏，分別名相，如同數他人珍寶，與「本源自性天真佛」無關。

二十八

種性❶邪，錯知解❷，不達如來圓頓制。二乘❸精進勿道心，外道❹聰明無智慧。亦愚痴，亦小騃❺，空拳指上生實解❻。執指為月枉施功，根境❼法中虛揑怪。

【注釋】

❶**種性** 表示眾生的本性。「種」即種子，有發生之義。「性」即性分，乃自分不改之義。

❷**知解** 表示世俗意義上的思慮分別。

❸**二乘** 指聲聞乘和緣覺乘。聲聞乘，聞佛聲教，故曰「聲聞」。謂此人以「四諦」為乘，知「苦」、斷「集」、慕「滅」、修「道」，由觀「四諦」，出離生死，至於涅槃，故名「聲聞乘」。緣覺乘，因觀十二因緣，覺悟真空之理，名曰「緣覺」。謂此人以十二因緣為乘，由觀因緣生滅，即悟非生非滅，出離生死，至於涅槃，故名「緣覺乘」。

❹**外道** 於佛教以外立道，或道外之道，稱為「外道」，亦即佛教真理以外的邪教。

❺**騃** 愚痴的意思。此等之人，有世間的俗智，而無出世的智慧。

❻**生實解** 指愚痴之人不明白方便法門，認定空拳中有實物。

❼**根境** 又名「根塵」。即色之所依而能取「境」者，謂之「根」，根之所取者謂之「境」。「根」有「五根」、「六根」之別，「境」有「五境」、「六境」之別。「六根」、「六境」，合稱「十二處」或「十二入」。

【語譯】

種性不正，知解也錯，只是因為不能真正達到如來明心見性的圓頓法門。聲聞、緣覺二乘雖然苦行精進，然而自違圓融中道，終不能上求佛道。外道雖然世智辯聰，可是亦無成佛的大智慧。二乘愚痴，外道如騃，執方便為究竟，譬如認空拳中有物，執指月之指為月。只會在不離根境的虛幻假象中揑怪。

【研析】

了達如來圓頓法門，勿於根境識上妄生知解。在修行中，若依附邪師，妄生種種邪見，結果會在無量劫中生死輪迴。無論是只求自了的「二乘」，還是心外求法的「外道」，都不明瞭大乘圓頓法門，不懂得明心見性、頓悟成佛之理。他們只是隨語生解，自生種種執著，執指為月，執空為實，不達如來圓頓法門。

二十九

不見一法❶即如來，方得名為觀自在❷。了即業障❸本來空，未了應須還夙債。饑逢王膳不能餐，病遇醫王爭得瘥。在欲行禪知見力❹，火中生蓮❺終不壞。勇施❻犯重悟無生，早時成佛於今在。

【注　釋】

❶**不見一法**　指「掃一切法，離一切相」，即所謂「了了見，無一物」。

❷**觀自在**　菩薩名號，又稱「光世音」、「觀世音」，略稱「觀音」。「觀世音」者，觀世人稱彼菩薩之名的聲音而垂救，故云「觀世音」。「觀世音」是中國「四大菩薩」之一，為大慈大悲的象徵，供奉道場為浙江省的普陀山。

❸**業障**　指惡業之障礙，業即業行，謂由貪、嗔、痴起身、口、意，造作五種無間重惡之業，障蔽正道，是名「業障」。《俱舍論》卷一七曰：「一者害母，二者害父，三者害阿羅漢，四者破和合僧，五者惡心出佛身血。如是五種名為業障。」

❹**知見力**　指因修為之深厚而具有很深的定力。所謂「在欲而無欲，居塵不染塵」。

❺**火中生蓮**　火中生長，經過火煉之蓮花，極為難得、可貴。佛教常以「蓮花」喻清淨佛性。

❻勇施　人名，古印度一比丘。傳說他忽於如來禁忌有所缺犯，犯了四重根本大罪，希望藉懺悔來清除罪垢。於是掛三衣於錫杖之上，高聲唱言：「我犯重罪，誰為我懺？」如是唱言至一精舍，遇一名叫鼻鞠多羅尊者，尊者道：「推罪性了不可得。」勇施比丘豁然大悟，即往南方世界而成佛。

【語　譯】

掃一切法，離一切相，就是真正了悟佛性。惟有如此，才是真正的自觀自在。若能徹了諸法實相，業本無有，本即是空；如若不能，則業障不虛，仍須償還，輪迴受報。外道與二乘之輩，對大乘之法不能信受，如同饑腸轆轆，見到金玉美食卻不敢吃；重疾纏身，遇到醫王也不敢醫。雖在欲中，秉持禪法，常持安詳，仍然清淨，就像火中生長的蓮花一樣，尤為可貴。比丘勇施，也曾犯過重罪，然能真正懺悔，於是最終頓悟，見性成佛，至今仍在。

【研　析】

頓悟無生，世間不礙修行。了悟一切無生無滅，諸法性空，若於欲界行禪習定，則更能顯示出高超的「知見力」，如火中生蓮終不壞，本性更加堅固。了悟無生，則世間法不礙出世間法，世間所從事的治生產業等一切活動，皆與如來實相不相違背。即使罪業深重，只要頓悟無生，就會業障即無，立地成佛。

三十

師子吼，無畏說❶，深嗟懵懂頑皮靼❷。只知犯重障菩提❸，不見如來開祕訣。有二比丘犯淫殺，波離螢光❹增罪結。維摩大士❺頓除疑，猶如赫日銷霜雪。

【注釋】

❶**師子吼二句** 獅子為百獸之王，牠一吼叫，百獸皆驚怖；大乘法，如同獅子吼，能破一切邪說外道，故稱無畏說。

❷**頑皮靼** 本意為粗厚的牛皮片，喻指那些聞大乘而不悟、冥頑不靈的小乘鈍根者。

❸**菩提** 梵語音譯詞，舊譯為「道」，新譯為「覺」，指果德圓滿的無上佛道。

❹**波離螢光** 波離，人名，鄔波離之略。鄔波離尊者，以小乘解罪，猶如螢火不能破暗。

❺**維摩大士** 人名，音譯為維摩羅詰或毗摩羅詰，略稱維摩或維摩詰。舊譯為「淨名」，「淨」是清淨無垢之義，「名」是聲名遠揚之義；新譯作「無垢稱」。他是佛教中著名的菩薩。

【語　譯】

佛說大乘法門如同獅吼一般的威猛，震懾外道，無所畏懼。哀歎眾生懵懂愚昧，點不破，喚不醒，冥頑不化。只知道犯重罪，障礙菩提之道。因而也無法知道如來開示眾生的祕訣。曾經有兩個出家人，一個犯了淫罪，一個犯了殺生之罪，鄔波離尊者用小乘法替他們解脫罪結，他們反而愈加煩惱。後來，通過維摩大士的開導，他們疑悔頓除，發無上道心。這種不可思議的解脫，正如強烈的日光，把霜雪融化了。

【研　析】

悟大乘頓悟法門，能頓除一切罪業。諸佛菩薩演說大乘佛法，如同獅子大吼，威力無邊。即使罪業深重，只要遇大乘圓頓法音，頓悟無生，就如赫日消霜雪一樣，罪業頓無蹤影。

三十一

不思議，解脫力，妙用恒沙也無極。四事❶供養敢辭勞，萬兩黃金亦銷得。粉骨碎身未足酬，一句了然超百億。法中王❷，最高勝，恒沙如來同共證。我今解此如意珠❸，信受之者皆相應。

【注釋】

❶**四事**　名數，一指衣服、飲食、臥具、湯藥；一指房舍、衣服、飲食、湯藥。

❷**法中王**　位過百王之上，高超三界，此乃最勝法門。

❸**如意珠**　物名，此寶珠無有定色，清澈輕妙，天下萬物皆悉照現，能出種種所求如意之物，故名「如意」。它出自龍王腦中，或為佛舍利所變成。

【語譯】

這種佛性解脫力的妙用，簡直不可思議，如同恒河的沙粒，數也數不完。如此妙用，用四事供養，並不敢推辭勞苦；即使用萬兩黃金供養，也足堪消受。縱然是粉身碎骨，也難以報答佛恩之萬一。若是一言之下，心地開通了，那麼就會頓超百萬億劫，獲得永恆。最上乘之法門，是最為高大、最為強盛的，過去、現在、未來如恒河沙數的佛陀，無不以此法門證得無上正等正覺。我今天為眾人解說此如意之珠，但能信受，無不相應。

【研 析】

自心、佛性妙用，不可思議。一旦洞悟自心，明心見性，則世間、出世間打成一片，舉目投足，嬉笑罵怒，皆是佛事。自心、佛性，如同如意珠，俱足如來一切法門和神通妙用。只要自心自在，無執無著，任意縱橫，不做諸善，不造諸惡，任性逍遙，則行、住、坐、臥，觸目遇緣，皆是自性、佛性之妙用。自心、佛性具有如此恒沙妙用，真是不可思議。

三十二

了了見，無一物，亦無人，亦無佛。大千沙界海中漚，一切聖賢如電拂。假使鐵輪頂上旋，定慧圓明終不失❶。

【注釋】

❶**假使鐵輪頂上旋二句**　傳曰：昔有一魔王謂菩薩言：「汝當退位。汝若不退，我飛熱鐵輪旋汝頂上，碎汝形體猶如微塵。」爾時，菩薩以定慧圓明不思議力故，不退失其位。時諸眾魔反而自己退失，菩薩定慧卻愈增明。此處，永嘉用來引喻學道人，即使遇到逆順境界，應如不聞不見一樣，始終不被生死陰魔所惑。

【語譯】

明白了此法，就會了卻心頭的妄見，懂得大千世界本無一物，既沒有所謂的人，也沒有所謂的佛。三千大千世界，就如同滄海裏出現的浮漚，既非真實，也不永恆；一切聖賢的出現，也如同閃電一樣轉瞬即逝。佛性一旦證得，就恆持定慧圓明的不可思議的力量，即使大鐵輪在頭頂旋轉，也不會喪失。

【研 析】

了悟一切皆空，不畏生死陰魔。一旦了悟真如實相，則無生、佛之假名，無自、他之形相。大千世界，本來空無一物。一切聖賢遞相出興，如露亦如電。學道人只要相信定慧圓明不可思議的解脫力，即使飛熱鐵輪旋頂，生死惡魔擋道，也會毫無畏懼，勇猛精進。

三十三

日可冷，月可熱，眾魔不能壞真說。象駕崢嶸謾進途，誰螳螂，能拒轍❶？大象❷不遊於兔徑❸，大悟不拘於小節。莫將管見謗蒼蒼，未了吾今為君訣。

【注釋】

❶**誰螳螂二句**　昔齊莊公出獵，有螳螂舉足，將搏其輪。莊公問其御者曰：「此何蟲也？」對曰：「螳螂。」莊公曰：「若以至微之力，而拒大車，不量其力。」譬喻外道、二乘之說，欲與大乘相抗，如螳螂拒車，自不量力，只能自取毀滅。

❷**大象**　喻修大乘佛法者，破無始無明，大徹大悟，明心見性，如大象。

❸**兔徑**　喻修人天、小乘者，沉守空寂，不斷六根，無法解脫，如兔徑。

【語譯】

縱使太陽變冷了，月亮變熱了，邪也不能勝正，眾魔也不可能破壞這個真理之說。大乘佛法就像大象駕車，在崢嶸的道路上穩重的闊步向前。不自量力的螳螂，又怎麼可能擋得住牠的前進呢？大象不會走兔子的路徑，追求真正的徹悟，不必拘泥於細枝末節。萬萬不要以淺薄的見識來衡量、批評見性者的大乘圓頓境界。如若還未能醒悟，我今作〈證道歌〉以助君修行。

【研　析】

大乘頓悟法門，非邪魔外道、人天小乘所能破壞。菩薩弘揚大乘圓頓法門，眾魔不能為其障礙。大乘所達到的大悟之圓頓境界，非人天小乘所能明白。在這裏，永嘉玄覺諄諄告誡修道人，只有修大乘圓頓法門，才能真正了悟諸法實相，解脫成佛。

主要參考文獻

1. 明　一如法師《三藏法數》，佛陀教育基金會，一九九一年。
2. 元　宏德禪師《永嘉禪師證道歌注》，金陵刻經處刻印，光緒三十四年。
3. 宋　贊寧《宋高僧傳》（點校本），北京：中華書局，一九八七年。
4. 宋　普濟《五燈會元》（點校本），北京：中華書局，一九八四年。
5. 丁福保《佛學大辭典》，新文豐出版公司影印，一九八一年。
6. 吳汝鈞《佛教大辭典》，商務印書館國際有限公司，一九九二年。
7. 郭朋《壇經校釋》，北京：中華書局，一九八三年。
8. 忽滑谷快天《中國禪學思想史》（朱謙之譯），上海古籍出版社，二〇〇二年。
9. 賴永海《中國佛教文化論》，北京：中國青年出版社，一九九九年。
10. 洪修平《禪宗思想的形成與發展》（修訂本），江蘇古籍出版社，二〇〇〇年。
11. 楊曾文《唐五代禪宗史》，北京：中國社會科學出版社，一九九九年。

12. 杜繼文、魏道儒《中國禪宗通史》，江蘇古籍出版社，一九九三年。
13. 潘桂明《中國禪宗思想歷程》，北京：今日中國出版社，一九九二年。

文學的・歷史的・哲學的・宗教的　古籍精華　盡在三民

古籍今注新譯叢書

哲學類

新譯四書讀本
新譯論語新編解義
新譯學庸讀本
新譯孝經讀本
新譯易經讀本
新譯乾坤經傳通釋
新譯周易六十四卦經傳通釋
新譯易經繫辭傳解義
新譯禮記讀本
新譯儀禮讀本
新譯孔子家語
新譯老子讀本
新譯帛書老子
新譯老子解義
新譯莊子讀本
新譯莊子本義
新譯莊子內篇解義
新譯列子讀本
新譯管子讀本
新譯墨子讀本
新譯公孫龍子
新譯晏子春秋
新譯鄧析子
新譯荀子讀本
新譯尹文子
新譯尸子讀本
新譯鶡冠子
新譯鬼谷子
新譯韓非子
新譯呂氏春秋
新譯韓詩外傳
新譯淮南子
新譯春秋繁露
新譯新書讀本
新譯新語讀本
新譯潛夫論
新譯論衡讀本
新譯申鑒讀本
新譯人物志
新譯張載文選
新譯近思錄
新譯傳習錄
新譯呻吟語摘
新譯明夷待訪錄

文學類

新譯詩經讀本
新譯楚辭讀本
新譯文心雕龍
新譯六朝文絜
新譯世說新語
新譯昭明文選
新譯古文觀止
新譯古文辭類纂
新譯樂府詩選
新譯古詩源
新譯千家詩
新譯詩品讀本
新譯花間集
新譯南唐詞
新譯絕妙好詞
新譯唐詩三百首
新譯宋詩三百首
新譯宋詞三百首
新譯元曲三百首
新譯明詩三百首
新譯清詩三百首
新譯清詞三百首
新譯唐人絕句選
新譯拾遺記
新譯搜神記
新譯唐才子傳
新譯唐傳奇選
新譯宋傳奇小說選
新譯明傳奇小說選
新譯容齋隨筆選
新譯明散文選
新譯明清小品文選
新譯人間詞話
新譯白香詞譜
新譯幽夢影
新譯菜根譚
新譯小窗幽記
新譯圍爐夜話
新譯郁離子
新譯歷代寓言選
新譯賈長沙集
新譯揚子雲集
新譯建安七子詩文集
新譯曹子建集
新譯阮籍詩文集
新譯嵇中散集
新譯陸機詩文集
新譯陶淵明集
新譯江淹集
新譯庾信詩文選
新譯初唐四傑詩集
新譯駱賓王文集
新譯王維詩文集
新譯孟浩然詩集
新譯李白詩全集
新譯李白文集
新譯杜甫詩選
新譯杜詩菁華
新譯高適岑參詩選
新譯昌黎先生文集
新譯劉禹錫詩文選
新譯柳宗元文選
新譯白居易詩文選
新譯元稹詩文選
新譯李賀詩集
新譯杜牧詩文集
新譯李商隱詩選

新譯范文正公選集
新譯蘇洵文選
新譯蘇軾文選
新譯蘇軾詞選
新譯蘇軾詩選
新譯蘇轍文選
新譯曾鞏文選
新譯王安石文選
新譯唐宋八大家文選
新譯柳永詞集
新譯李清照集
新譯辛棄疾詞選
新譯陸游詩文選
新譯歸有光文選
新譯唐順之詩文選
新譯徐渭詩文選
新譯袁宏道詩文選
新譯薑齋文集
新譯顧亭林文集
新譯納蘭性德詞
新譯方苞文選
新譯閒情偶寄
新譯鄭板橋集
新譯袁枚詩文選
新譯李慈銘詩文選
新譯聊齋誌異選
新譯閱微草堂筆記
新譯浮生六記
新譯弘一大師詩詞全編

教育類

新譯爾雅讀本
新譯顏氏家訓
新譯聰訓齋語
新譯曾文正公家書
新譯三字經
新譯百家姓
新譯幼學瓊林
新譯增廣賢文・千字文
新譯格言聯璧

歷史類

新譯史記
新譯漢書
新譯後漢書
新譯三國志
新譯資治通鑑
新譯史記——名篇精選
新譯尚書讀本
新譯周禮讀本
新譯逸周書
新譯左傳讀本
新譯公羊傳
新譯穀梁傳
新譯春秋穀梁傳
新譯戰國策
新譯國語讀本
新譯說苑讀本
新譯新序讀本
新譯吳越春秋
新譯西京雜記
新譯列女傳
新譯越絕書
新譯燕丹子
新譯東萊博議
新譯唐六典
新譯唐摭言

宗教類

新譯金剛經
新譯高僧傳
新譯碧巖集
新譯百喻經
新譯楞嚴經
新譯梵網經
新譯圓覺經
新譯法句經
新譯六祖壇經
新譯禪林寶訓
新譯維摩詰經
新譯經律異相
新譯阿彌陀經
新譯無量壽經
新譯妙法蓮華經
新譯景德傳燈錄
新譯大乘起信論
新譯釋禪波羅蜜
新譯八識規矩頌
新譯永嘉大師證道歌
新譯華嚴經入法界品
新譯地藏菩薩本願經
新譯悟真篇
新譯无能子
新譯坐忘論
新譯列仙傳
新譯抱朴子
新譯神仙傳
新譯性命圭旨
新譯老子想爾注
新譯周易參同契
新譯道門觀心經
新譯養性延命錄
新譯樂育堂語錄
新譯沖虛至德真經
新譯長春真人西遊記
新譯黃庭經・陰符經

地志類

新譯山海經
新譯水經注
新譯佛國記
新譯大唐西域記
新譯洛陽伽藍記
新譯徐霞客遊記
新譯東京夢華錄

政事類

新譯商君書
新譯鹽鐵論
新譯貞觀政要

軍事類

新譯孫子讀本
新譯司馬法
新譯尉繚子
新譯三略讀本
新譯六韜讀本
新譯吳子讀本
新譯李衛公問對

◎新譯釋禪波羅蜜

蘇樹華／注譯

《釋禪波羅蜜》是天台宗開宗祖師智者大師講述禪定修行的重要著作。有別於禪宗「直指人心，見性成佛」的「頓悟禪」，智者大師強調的乃是「次第漸修，循序漸進」的「漸修禪」。書中透過各種禪相的說解，以及可具體實踐的修禪方法，讓修習佛法的人能夠循序漸進，深刻體會佛法的精髓，堪稱是一部「禪修百科全書」。

三民網路書店
百萬種中文書、原文書、簡體書
任您悠游書海
領 200元折價券
打開一本書
看見全世界
sanmin.com.tw

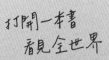

國家圖書館出版品預行編目資料

新譯永嘉大師證道歌／蔣九愚注譯.——二版一刷.—
—臺北市：三民，2024
面；　公分.——(古籍今注新譯叢書)

ISBN 978-957-14-7777-0（平裝）
1. 禪宗 2. 佛教說法

226.65　　113003847

古籍今注新譯叢書

新譯永嘉大師證道歌

注譯者｜蔣九愚
創辦人｜劉振強
發行人｜劉仲傑
出版者｜三民書局股份有限公司（成立於1953年）

三民網路書店
https://www.sanmin.com.tw

地　址｜臺北市復興北路386號　（復北門市）(02)2500-6600
　　　　臺北市重慶南路一段61號（重南門市）(02)2361-7511

出版日期｜初版一刷2005年11月
　　　　　初版五刷2021年9月
　　　　　二版一刷2024年5月
書籍編號｜S032830
ISBN｜978-957-14-7777-0

著作財產權人©三民書局股份有限公司
法律顧問　北辰著作權事務所　蕭雄淋律師
著作權所有，侵害必究
※本書如有缺頁、破損或裝訂錯誤，請寄回敝局更換。

三民書局